성공으로 가는 위대한 비밀과
유착은 없다
성실하는 약속을 지금 지키고
허세를 부리지 않고 친절을 베푸는
것과 같은 작은 비밀이 있을 뿐이다

김 승호
상위학 회장

돈의 속성

by 김승호

SNOWFOX

_____

인간은 경제적 자립을 위해 돈을 필요로 한다. 이 돈을 이해하는 방식은 지난 수 세기 동안 많은 사람을 통해 다양하게 교육돼왔다. 하지만 정작 돈을 다루는 지혜의 수준이 높아진 시대는 없었다. 세대가 바뀌고 시간이 흘러도 우리는 여전히 제자리다. 지극히 현명한 사람도 돈에 대해 무지한 경우가 태반이고, 정작 부를 이루고 유지한 사람은 그 비밀을 말할 이유가 없었다. 그나마 알려진 방법은 유효기간이 지난 알약 같은 지나간 과거의 지식뿐이다.

인생에서 돈에 대한 문제를 해결한다는 건 영적 각성만큼이나 삶에 있어 중요한 가치다. 방치하거나 무시하면 현실의 돈 역시 나를 무시하거나 방치하기 때문이다. 돈을 세속적이라는 이유로 방치하고 두렵다고 피하면 그 피해가 나와 내 가족 전체와 다음 세대까지 이어지며 평생 노동의 굴레를 벗어날 수 없다.

나는 가족을 위해서라면 하루도 쉬지 않고 일하던 노동자 아버지 밑에서 태어나 겨우 굶지 않을 정도의 어린 시절을 보냈다. 그러나 지금은 미국 정부와 한국 정부에 1년에 수백억의 세금을 내는 사람이 되었다. 한적한 시골 동네에 떨어진 파키스탄 노동자 같은 신세에서, 하버드에서 교육받은 변호사와 회계사를 기다리게 만들며 전 세계에 걸쳐 여러 사업을 총괄하는 사업가가 되었다. 6달러짜리 냉면을 파는 한인식당의 육중한 나무 문이 겁이 나서 들어가려다 포기했던 사람이 매일 일반 직장인의 몇 년 치 월급을 벌고 있다.

나는 가난의 가장 바닥부터 거의 최상급의 위치까지 올라봤으며 이 과정에서 돈의 여러 속성을 자세히 경험해볼 기회를 얻었다. 돈을 번다는 게 어떤 뜻인지, 돈은 어떻게 움직이는지, 돈은 왜 사라지는지, 돈은 어디로 몰려다니는지, 돈은 무슨 일을 하는지, 돈은 어떤 흔적을 남기는지를 비교적 깊고 넓게 볼 수 있는 위치에 올라설 수 있었다.

분명 누군가는 나보다 더한 통찰이 있을 것이다. 더 깊은 사고와 논리, 더 큰 사업에서 자수성가하여 돈의 속성을 낱낱이 이해하는 사람도 있을 것이다. 하지만 세상에 나온 책들은 실제로는 돈을 벌어본 적이 없는 이론가가 쓴 것이 대부분이다. 결국 이런 책을 저술해 돈을 버는 사람이 더 많다. 정말 돈의 속성에 대해 잘 아는 자산가들은 그 비밀을 굳이 글로 남기고 싶지 않았을 것이다.

이런 비밀을 알고 있는 사람이 몇 안 된다는 걸 알기에 운명에 이끌리

듯 나는 내게 그 일이 주어졌음을 받아들이기로 했다.

그럼에도 이 책을 쓰기까지 몇 년을 고민했다. 몇 권을 출간하긴 했지만 여전히 글쓰기는 내게 어려운 일이다. 그런데 예전에 영화관을 빌려 일반 대중에게 했던 〈돈의 속성〉이라는 주제의 강연이 방송으로 촬영돼 편집본으로 소개되고, 이 일을 계기로 여러 유튜버를 통해 생산, 재생산되는 과정에서 내 의도와 목적에서 조금씩 변형되는 일이 생겼다. 바로잡으려고 했을 때는 이미 조회수가 천만을 넘길 정도로 영상이 퍼진 후였다. 그러다 보니 지금이라도 더 늦기 전에 내가 전달하려던 내용을 명확하게 책으로 정리해야겠다는 생각에 이르렀다.

나는 이 책에서 돈의 철학적, 윤리적 가치관을 깊게 논하거나 설명하지 않을 것이다. 그만한 능력도 되지 않는다. 대신 돈에 대한 모든 생각이나 경험, 관점을 담으려고 한다. 돈을 벌고, 또 돈이 내게 붙어 있게 하는 일을 그 누구보다 잘할 수 있다고 감히 생각하기 때문이다.

돈이야말로 나와 내가 사랑하는 사람들을 보호하거나 도울 수 있고 남에게 신세를 지지 않고 살 수 있게 해준다. 이는 돈의 지극히 평범한 가치다. 그러나 세상은 이런 평범한 가치를 유지하는 데 결코 평범함을 요구하지 않는다. 그렇기 때문에 평범한 방식으로는 풍족한 돈을 가질 수 없다. 내가 그동안 어떤 방식으로 돈을 대해왔는지 자세히 설명함으로써 독자 역시 같은 기쁨을 누릴 수 있기를 바랄 뿐이다.

한 가지 주의를 드리면 독자 여러분이 이 책의 가치를 받아들인다고 모두 부자가 되거나 경제적 자유인이 되지는 못할 수 있다. 그러나 나이가 어린 청년일수록 이 책의 가치를 공감하고 실행하면 반드시 부자가 될 것이다. 또한 누구라도 이 가치를 받아들이면 이전과 분명 차이 나는 삶을 살 수 있으리라 확언한다.

종교 외에 세속적 영역에서 여러분의 삶에 행복한 영향을 준 사람으로 기억되길 바랄 뿐이다. 이 책은 평소 내가 강연이나 수업에서 이야기했던 돈의 다섯 가지 속성과 부자로 살고 싶은 사람에게 필요한 네 가지 능력에 대한 내용을 담고 있다.

돈의 다섯 가지 속성으로, '돈은 인격체다, 규칙적인 수입의 힘, 돈의 각기 다른 성품, 돈의 중력성, 남의 돈에 대한 태도'를 말한다. 부자가 되기 위해 필요한 네 가지 능력으로는 '돈을 버는 능력, 모으는 능력, 유지하는 능력, 쓰는 능력'을 다룬다. 그리고 이것을 각기 다른 능력으로 이해하고 각각 다르게 배워야 한다고 강조해왔다.

전작인 『생각의 비밀』, 『알면서도 알지 못하는 것들』에 나온 문장이나 유사한 표현이 일부 나올 수 있다. 중복된 표현이 있어도 이해를 구한다. 더불어 경제 용어를 잘 모르는 분도 쉽게 이해할 수 있도록 되도록 풀어 쓰려고 노력했다. 모쪼록 독자 개개인의 경제적 독립과 자립의 삶에 도움이 되길 바란다.

차례 _____

돈은 인격체다

　　돈은 인격체(person)다. 돈이 사람처럼 사고와 감정과 의지를 지닌 인격체라고 하면 누군가는 받아들이기 힘들어한다. 인격체란 스스로 생각하고 자아를 가진 개별적 실체를 뜻하기 때문이다. 돈은 스스로 생각하지도, 움직이지도 않으며 단지 숫자로 이뤄졌을 뿐이니 왠지 억지처럼 느껴질 수 있다. 하지만 비즈니스에서는 회사도 인격을 부여받는다. 바로 법인(法人, legal person)이다. 여기에는 인(人)이 붙는다. 법인은 사람과 동일하게 소송을 하고 소송을 당하기도 하며 하나의 주체처럼 개인과 싸우거나 협의하거나 협력할 수 있다.

　　돈은 법인보다 더 정교하고 구체적인 인격체다. 어떤 돈은 사람과 같이 어울리기 좋아하고 몰려다니며, 어떤 돈은 숨어서 평생을 지내기도 한다. 자기들끼리 주로 가는 곳이 따로 있고 유행에 따라 모이고 흩어진다. 자기를 소중히 여기는 사람에게 붙어 있기를 좋아하고, 함부로 대하는 사람에겐 패가망신의 보복을 퍼붓기도 한다. 작은 돈을 함부로 하는 사람에게선 큰돈이 몰려서 떠나고 자신에게 합당한 대우를 하는 사람 곁에서는 자식(이자)을 낳기도 한다.

이처럼 돈은 인격체가 가진 품성을 그대로 갖고 있기에 함부로 대하는 사람에겐 돈이 다가가지 않는다. 이런 돈의 특성 때문에 나는 돈을 인격체라 부른다. 이 글 안에서도 돈을 인격체로 대하는 듯한 문장이 계속 나올 것이니 독자 여러분은 이해해주기 바란다. 내가 풍족한 부를 이루는 데 성공한 것은 '돈을 스스로 감정을 가진 인격체'로 대하며 돈과 함께 사는 법을 배웠기 때문이다.

돈을 너무 사랑해서 집 안에만 가둬놓으면 기회만 있으면 나가려고 할 것이고 다른 돈에게 주인이 구두쇠니 오지 마라 할 것이다. 자신을 존중해주지 않는 사람을 부자가 되게 하는 데 협조도 하지 않는다. 가치 있는 곳과 좋은 일에 쓰인 돈은 그 대우에 감동해 다시 다른 돈을 데리고 주인을 찾을 것이고, 술집이나 도박에 자신을 사용하면 비참한 마음에 등을 돌릴 것이다.

돈은 감정을 가진 실체라서 사랑하되 지나치면 안 되고 품을 때 품더라도 가야 할 땐 보내줘야 하며, 절대로 무시하거나 함부로 대해서는 안 된다. 오히려 존중하고 감사해야 한다. 이런 마음을 가진 사람에게 돈은 항상 기회를 주고 다가오고 보호하려 한다.

돈은 당신을 언제든 지켜보고 있다. 다행히 돈은 뒷끝이 없어서 과거 행동에 상관없이 오늘부터 자신을 존중해주면 모든 것을 잊고 당신을 존중해줄 것이다. 돈을 인격체로 받아들이고 깊은 우정을 나눈 친구처럼 대하면 된다. 그렇게 마음먹은 순간, 돈에 대한 태도는 완전히 바뀌기 시작한다. 작은 돈을 절대로 함부로 하지 않게 되고 큰돈은 마땅히 보내야 할 곳에 보내주게 된다. 사치하거나 허세를 부리기 위해 친구를 이용하지 않고 좋은 곳에 친구를 데려다주려 할 것이기 때문이다.

품 안의 돈을 기품 있는 곳에 사용하며 사랑하는 사람과 보호해야 할 가치가 있는 곳에 사용할 것이다. 이를 지켜보고 있는 돈도 더 많은 친구들을 옆에 불러들일 것이다. 내가 돈의 노예가 되는 일도 없고 돈도 나의 소유물이 아니므로 서로 상하관계가 아닌 깊은 존중을 갖춘 형태로 함께하게 된다. 이것이 진정한 부의 모습이다.

납치나 폭력 혹은 불법을 통해 권력자나 졸부 품으로 들어간 돈은 언제든 탈옥할 날만을 기다리거나 그 주인을 해치고 빠져나오기 마련이니 위험한 돈과 친해질 생각도 지워야 한다. 돈이 인격체라는 것을 알아차리고 받아들이는 순간부터, 당신의 평생 부자 인생길이 열리는 것이다.

나는 나보다
더 훌륭한 경영자에게 투자한다

30대 중반, 주식에 투자했다가 큰 실패를 겪었다. 과거의 주식 정보를 바탕으로 가장 좋은 거래 패턴을 찾아내 투자하는 프로그램 매매에까지 손을 댔었다. 당시는 이 방법이 가장 빨리 가난을 해결해줄 거라 믿었다. 나 스스로 일반인보다 똑똑하고 대담하다고 생각했다. 돌이켜보면 그건 투자가 아닌 투기였다. 얼마나 어리석은 행동이었는지 부끄럽기 그지없다.

당시 투자자로서 내 수준은 유치원도 못 들어간 유아 수준이었다. 하지만 스스로 대학원생 정도라 생각했으니 잘될 턱이 없었다. 과거 데이터를 놓고 미래 예측을 내놓는 책과 강연이 많다. 그럴 때면 과거의 내가 생각이 나서 안타까운 마음뿐이다. 그들의 현재 재산과 미래 재산 상태를 짐작하면 정말 그렇다. 나는 전 재산을 날렸고 다시는 그곳에 얼씬거리지 않았다. 다시 주식을 시작한 건 5년 전쯤이다. 지난 5년간 꽤 많은 주식을 매입했으나 거의 팔아본 적이 없다. 혹 누군가 주식 투자를 하는지 물으면 하지 않는다고 말한다. 주식을 사고파는 일로 돈을 버는 일반적인 주식투자는 하지 않기 때문이다.

자산이 생기면 내가 하는 일은 두 가지다. 내 회사를 더 키우는 데 사용하거나 또 다른 자산을 만들 만한 곳에 보낸다. 최근 몇 년 동안 내 회사에 더 이상 자본이 들어갈 일이 사라지면서 내 잉여 자본은 투자처를 찾아야 하는 상황이 되었다. 나는 사업가이자 경영자로 한평생을 살아왔다. 그럼에도 나보다 월등하게 뛰어난 경영자나 사업체가 많아 어느 땐 내가 어린아이처럼 느껴질 정도다. 내가 엄두도 못 낼 시장에서 더 좋은 사업을 하는 회사나 경영자가 너무나 많다. 다행히 이런 회사는 상당수 상장돼 있다. 상장돼 있다는 건 누구나 원하는 만큼 그 회사를 살 수 있다는 뜻이다. 백 달러만 사도 되고, 천 달러를 사도 되며, 수백만 달러도 하루에 살 수 있다. 세상에서 가장 큰 회사라도 마찬가지다.

우리 거래처 중에도 해마다 성장하며 경영까지 잘하는 회사가 많다. 혹은 내가 소비자나 고객으로 만나는 회사 중에서도 훌륭한 경영자를 많이 보았다. 그런 회사들은 대부분 내 회사보다 크고 더 성장해 있으며 더 유능한 경영자들이 있다. 나보다 더 훌륭한 경영자가 나보다 더 좋은 회사를 운영하는데 내가 투자를 망설일 이유가 없다.

결국 나보다 훌륭한 경영자에게 투자하는 일은 그들과 동업하는 것과 다름없다. 거기다 그들이 원하지 않아도 언제든 동업이 가능하다. 이제 필요한 건 그 회사의 배당 정책과 배당 비율 그리고 적정 가격대를 찾는 일뿐이다. 적정 가격이란 정해진 예산으로 주당 얼마에 살 수 있느냐보다 몇 주를 살 수 있느냐에 달렸다. 주식 숫자에 따라 배당 비율이 달라지기 때문이다. 사업의 세계와 투자의 세계에서는 나보다 나은 사업과 경영자에게 투자하는 것이 불법도 아니고 비도덕적인 일도, 부끄러운 일도 아니다. 지극히 합법적이고 합리적이며 자랑스러운 일이다.

나는 되도록 내가 지분을 가진 회사의 물품이나 서비스를 이용한다. 이제 내 회사이기 때문이다. 마이크로소프트(MSFT) 컴퓨터로 아마존(AMZN)에서 나이키(NKE) 신발을 사고 체이스뱅크(JPM)에서 받은 비자카드(V)로 결제하고 애플(AAPL) 전화기로 우버(UBER)를 불러 공항에 가서 델타항공(DAL)을 타고 집으로 가다 중간에 코스트코(COST)에 들러 코카콜라(KO) 한 박스를 사와 삼성(005930) 냉장고에 넣어놓고 나면 자급자족하는 느낌이다. 단순히 소비자나 경쟁자 혹은 방관자가 아닌 주인이 되는 방법이다. 배당일이나 기다리며 주가가 떨어지면 나의 좋은 회사를 더 싸게 살 수 있다는 간사한 마음조차 든다. 나보다 더 훌륭한 경영자의 옷깃을 붙들고 걸어가는 기분은 아버지 같은 좋은 형을 가진 느낌이다. 여러분도 좋은 큰형님을 찾기 바란다.

복리의 비밀

재테크에서 빼놓을 수 없는 게 복리의 위력이다. 복리란 중복된다는 뜻의 한자 복(復)과 이자를 의미하는 한자 리(利)가 합쳐진 단어다. 원금과 이자에 이자가 붙는다는 뜻이다. 그리고 그 이자의 이자에 이자가 붙는다는 뜻이다. 복리에 상대되는 말은 단리다. 단리는 원금에 이자가 한 번 지불되는 상태를 말한다. 이렇게 단리로 받은 이자와 원금을 합친 금액에 다시 이자를 받는 구조가 복리라고 이해하면 된다.

1,000만 원을 연이자율 6%의 단리로 5년간 이자를 받기로 했다면 5년 후에 1,300만 원을 받는다. 하지만 이자를 사용하지 않고 그대로 원금과 합쳐 이자를 받으면 48만 8,502원을 더 받는다. 차이가 없는 듯해도 이미 20개월간의 이자를 추가로 받는 셈이다. 이것을 10년으로 바꾸면 219만 3,967원으로 87개월간의 이자에 해당된다. 만약 이 상태를 20년간 지속한다면 원금보다 많은 1,110만 2,045원의 추가 이익을 얻게 된다. 영리한 사람이라면 이쯤에서 같은 복리 이자를 받더라도 1년에 한 번 이자를 받는 것보다 분기별로 나눠 받는 것이 더 좋고 월별로 이자를 받으면 훨씬 더 이익이라는 걸 즉각적으로 알았을 것이다.

그런데 만약 거꾸로 복리 개념을 채무 이자에 적용해 갚아야 할 상황이라면 무섭고 끔찍한 수치가 산출된다. 마이너스 통장을 개설해 연이율 10%로 500만 원을 빌렸다면 월 이자가 겨우 4만 1,667원이지만 이를 안 내고 버티면 다음 달 이자는 두 달 치인 8만 3,334원이 아니라 347원이 늘어난 8만 3,681원이다. 4만 1,667원에 대한 이자가 합쳐졌기 때문이다. 여기서 이 347원을 '겨우'라고 생각하는 사람과 '무려' 347원이라고 생각하는 차이가 투자의 차이를 만들고 부의 차이를 만들며 삶의 차이를 만든다.

　만약 이렇게 2년 동안 융자금을 갚지 않고 있으면 2년 후 원리금은 605만 1,525원에 매달 이자가 5만 429원으로 변해 있고 3년이 지나면 668만 5,199원의 원금과 5만 5,710원의 이자가 된다. 그리고 연리 13.4%에 해당되는 금액으로 늘어나게 된다. 겨우 347원이 만든 결과다. 다른 예를 들어보자. 만약 집을 구매할 때 30년 상환 4% 복리로 3억 원을 융자받았다고 가정하면 지불해야 하는 총금액은 9억 9,000만 원이나 된다. 이를 30년간 나눠 월별로 지불하면 월 모기지(mortgage) 비용은 276만 원씩으로 21년간 이자를 지불해야 겨우 그다음 달부터 원금이 줄기 시작한다. 복리가 이렇게 무섭다.

　결국 복리를 내 편으로 만드는가, 적으로 만드는가에 따라 재산의 정도가 달라진다. 복리를 내 편으로 만들기 위해 해야 할 첫 번째 일은 복리에 대한 이해다. 조지워싱턴 대학의 조사에 따르면 미국인의 3분의 1만이 복리를 이해한다고 한다. 알베르트 아인슈타인(Albert Einstein)은 복리야말로 인간의 가장 위대한 발명이자 세계 8대 불가사의라고 말했다. 워런 버핏(Warren Buffett) 역시 복리의 혜택을 가장 많이 받은 투자자이며 복리의 도움이 없었다면 지금 자리에 오르지 못했을 것이다. 복리는 간단하지만 투자에서 가장 중요한 원리 중 하나다. 투자자가 복리를 이해하지 못한다면 부를 다룰 자격이 없다. 복리는 투자 자체보다 더 중요하다. 복리 효과가 부를 어떻게 변화시키는지 이해하려면, 복리와 진지하게 친해지고 함께 어울려야 한다. 여기서 1964년 워런 버핏이 서른네 살이 되던 해에 보낸 주주 서한을 살펴보자.

"복리라는 주제는 전반적으로 고리타분하기 때문에, 미술품에 비유해 소개해볼까 합니다. 1540년 프랑스 국왕 프랑스와 1세가 레오나르도 다빈치의 그림 〈모나리자〉를 4,000에키에 구입했습니다. 당시 4,000에키는 2만 달러의 가치입니다. 만일 프랑스와 1세가 현실감각이 있어서 그림을 사는 대신, 연간 세후 6% 수익률로 그 돈을 투자했다면, 현재 1,000,000,000,000,000달러 이상으로 불어났을 것입니다. 연간 6%로 1,000조 달러 이상을 만들어내는 것입니다. 현재 미국 국채 발행 규모의 3,000배가 넘습니다."

어려서부터 복리의 개념과 혜택을 정확히 꿰뚫어 본 젊은이는 그의 나이 50세 이후 미국 최고 부자 중 한 명이 되었고 91세인 현재까지 그의 부는 계속해서 늘어나고 있다. 복리가 그를 최고 부자로 만든 것이다.

우리 삶에 자연스럽게 스며들어 가장 큰 영향을 끼친 두 가지가 비누와 복리다. 비누가 발명된 후 개인위생이 개선되며 인간 수명이 비약적으로 늘어났으며 복리가 발명된 후 부의 이동이 수없이 일어났기 때문이다.

당신이 복리의 중요성을 이해했다면 이제 막 부자가 될 가장 기본적인 준
비가 끝난 것이다. 축하한다.

일정하게 들어오는 돈의 힘

가정해보자. 1년에 수입이 5,000만 원인 사람이 있다. A라는 사람은 매달 일정하게 400만 원을 버는 사람이고, B라는 사람은 어느 땐 1,000만 원을 넘게 벌기도 하지만 어떤 달은 한 푼도 벌지 못한다. 두 사람 모두 매년 5,000만 원의 수입이 생기지만 돈의 힘은 서로 다르다. 수입이 일정하게 발생한다는 건 그 수입의 질이 비정규적인 수입보다 좋다는 뜻이다. 질이 좋은 돈은 다른 돈을 잘 불러 모으고 서로 붙어 있어도 흩어지지 않는다. 비정규적인 돈보다 힘이 강해 실제 액면가치와 상관없이 잠재 가치 척도 주가수익률(PER)이 높다.

농사를 짓는 데 필요한 강수량이 1,000mm라고 가정해보자. 그런데 봄에 한 번 500mm 퍼붓고 가을에 한 번 500mm 퍼붓는다면 그 땅에서는 농사를 지을 수 없다. 홍수 아니면 가뭄이기 때문이다. 대신에 하루 10mm씩이라도 매일 꾸준히 내리면 상당히 좋은 결실을 맺을 수 있다. 브라질의 렌소이스 사막은 연간 강우량이 1,600mm나 되지만 아무것도 키우지 못한다. 6개월에 한 번씩 비가 오기 때문이다.

마찬가지로 기업 운영도 가장 중요한 것은 현금흐름(cash flow)이다.

현금 유입과 유출을 통틀어 현금흐름이라 한다. 기업의 현금흐름이 좋지 않으면 이익이 나도 부도가 날 확률이 높아진다. 언젠가 비가 와도 당장 가뭄이 들어 작물이 타 죽는 것과 같다. 몸 안에 피도 일정하게 흘러야 사지가 움직이고, 호흡도 일정해야 생명이 연장되며, 음식도 일정하게 먹어야 죽지 않는다. 10분 동안 물속에 있다가 모자란 숨을 몰아넣는다고 사람이 살아날 수는 없다. 굶어 죽은 사람 입에 고기를 넣어준다고 사람이 살아나지 않는 것처럼 말이다.

돈도 같다. 현금흐름이 일정하게 유지돼야 경제적으로 삶이 윤택해진다. 돈이 일정하게 들어온다는 건 체계화된 경찰이나 군인 수백 명만으로 수천, 수만 명의 군중을 효율적으로 통제하는 것과 같다. 이 흐름이 거친 인생을 통제할 수 있는 상태를 만들어준다.

장사나 사업을 계획 중이라면 개천을 막아 여름 한철 하루 1,000만 원 매출을 올리는 사람을 부러워 말고 매일 수십만 원씩 꾸준한 돈이 들어오는 국밥집을 부러워해야 한다. 여름철에 번 1,000만 원은 그 돈이 솜사탕처럼 가벼워서 만지기만 해도 쉽게 부서지지만 국밥집 100만 원은 단풍나무처럼 단단해서 건물도 만들어낼 수 있기 때문이다. 행사 때 몰려온 단체손님을 상대하느라 단골을 무시하는 사장은 성공할 수 없다.

비정규적인 수입은 한 번에 몰려온 돈이라 실제 가치보다 커 보이는 착각을 일으킨다. 그래서 자신이 많은 돈을 벌게 된 줄 알고 사치하고 함부로 사용하게 돼 결국 모으지 못하게 된다. 흔한 생각으론 돈이 또 언제 들어올지 모르니 저축을 해가며 살 것 같아도 실제로 그렇게 조정하는 사람은 별로 없다. 내 손에 바늘이 있고 풍선이 눈앞에 어른거리면 찔러보고 싶은 것이 사람 마음이다. 따라서 수입이 비정규적인 사람은 자산을 정규적인 수입 자산으로 옮기는 작업을 시작해야 한다. 연예인, 강사, 학원 교육자, 건설 노동자, 시즌이 있는 사업체 소유자, 운동선수, 개원의사처럼 수입이 일정하지 않은 직업을 가진 사람이 여기에 해당된다.

수입이 일정하지 않다는 말은 또 다른 말로, 개인의 재능이나 재주가 많아서 단기간 많은 수입을 얻는다는 뜻이다. 이런 사람들은 자신의 수입이 생기는 대로 일정한 소득이 나올 수 있는 부동산이나 배당을 주는 우량 주식을 사서 소득을 옮겨놓아야 한다. 하루라도 빨리 일정한 소득으로 옮겨놓지 않으면 비정규적인 돈은 정규적인 돈을 소유한 사람들 아래로 빨려 들어가고 말 것이다. 정규적인 돈과 비정규적인 돈이 싸우면 언제든 정규적인 돈이 이기기 마련이다.

규칙적인 수입의 가장 큰 장점은 미래 예측이 가능해진다는 점이다. 미래 예측이 가능하다는 말은 금융자산의 가장 큰 적인 리스크를 제어할 수 있다는 뜻이다. 리스크는 자산에 있어 가장 무섭고 두려운 존재며 모든 것을 앗아갈 수 있다. 어디에 숨어 있는지 몰라서 모퉁이를 돌다 갑자기 맞닥뜨릴 수 있는 것이 리스크다. 이 리스크를 제어할 수 있다는 건 대단한 장점이다. 그 자체가 신용을 부여하며 이 신용은 실제 자산으로 사용할 수 있어 같은 5,000만 원이라도 1억 원 혹은 그 이상의 자산으로 변형돼 현실에 나타난다.

돈은 중력의 힘을 가졌다

중력은 현대 물리학의 상호작용 힘 중 하나다. 뉴턴(Issac Newton)에 따르면 '중력은 질량을 가진 모든 물체에 작용한다'. 중력은 질량을 가진 물체가 다른 질량을 가진 물체에 작용하는 힘을 말하는데 그 힘의 크기는 각 물체의 질량에 비례해 가까운 곳에 있는 물체를 잡아당기며 매우 먼 거리까지 미친다. 거리의 제곱에 반비례해 멀어질수록 힘이 약해지기는 하지만, 먼 거리에서도 여전히 작용한다.

지구에 살고 있는 우리는 중력의 거대한 힘을 못 느껴도 지구를 벗어나려는 우주선은 시속 4만km의 속도로 날아야 겨우 지구의 중력권을 벗어날 수 있다. 우주 위를 날아다니는 별똥별을 지구로 끌어들이는 것도 중력의 힘이다. 지구는 달보다 무겁기에 더 강한 중력을 가지고 있고 태양은 지구보다 더 크고 무거워서 더 멀리까지 그 중력의 영향력을 행사한다. 눈으로 확인할 수 있는 이 영향력의 경계가 태양계다.

신기한 건 돈도 이 중력과 같은 작용을 한다는 것이다. 돈은 다른 돈에게 영향을 주며 그 돈의 액수가 크면 클수록 다른 돈에 영향을 준다. 돈은 가까이 있는 돈을 잡아당기는 능력이 있으며 주변 돈에 영향을 준다.

돈이 중력과 같이 작용하는 원리를 잘 이용하면 누구나 아무리 작은 돈이라도 큰돈으로 만들어낼 수 있다.

강원도 태백시 창죽동의 검룡소라는 작은 연못에서 시작한 물줄기가 강원도, 충북, 경기, 서울을 거쳐 서해까지 494km에 걸쳐 펼쳐지는 한강이 된다. 길이 6,679km에 하구의 폭만 240km이며 초당 20만 9,000m³의 물을 바다에 쏟아내는 아마존강 역시 페루 남부 안데스 산맥 네바도 미스미산(Nevado Mismi) 안에 있는 개울에서 시작된다.

우리가 살고 있는 거대한 지구도 한 개의 작은 입자가 주변 입자를 끌어당기고 그 부피를 키워가면서 5,972,000,000,000,000,000,000톤의 현재 모습을 갖춘 것이다. 이렇듯 아무리 작은 것이라도 그 속성을 이해하면 주변을 끌어당겨 부피나 크기를 키울 수 있고 이렇게 커진 자본은 다른 자본을 점점 더 쉽게 많이 끌어들인다.

누군가가 10억 원이라는 돈을 모으기로 마음먹었다고 하자. 10억 원은 300만 원을 받는 급여 생활자가 한 푼도 쓰지 않고 모아도 27년이 걸리는 금액이다. 엄청나게 긴 시간이고 힘든 일이다. 그나마 전액을 저축했을 경우의 이야기다. 투자를 한 경우라도 한 푼도 잃지 않았을 때 이야기다. 급여의 50%를 저축했다면 50년이 지나야 모을 수 있는 돈이다. 하지만 돈의 중력을 이해하면 이야기가 달라진다. 이 세상에 큰돈을 가진 사람 중 누구도 그런 식으로 돈을 모으지 않는다. 또한 돈을 이렇게 움직이지도 않는다.

먼저 10억 원을 모으기 위해서는 1억 원이 필요하다. 그리고 1억 원을 모으기 위해서는 1,000만 원이 필요하다. 그 1,000만 원은 매월 100만 원 혹은 그 이상을 저축하는 것으로 시작된다. 1년을 잘 모아서 1,000만 원을 모았다고 가정하자. 이 1,000만 원을 모으기 위한 노력을 100으로 가정하자. 다음 1,000만 원을 모으기 위해 들이는 노력은 처음 1,000만 원을 모으기 위해 들어간 노력 100보다 낮아진다. 왜냐하면 이미 처음 만들어놓은 1,000만 원이 이자나 투자를 통해 자체 자본을 만들고 있기 때문이다.

처음 1,000만 원은 내 노동과 시간으로 오롯이 나 혼자 이루었지만, 그 1,000만 원이 스스로 일을 해서 나를 돕고 있기에 둘이 함께 일을 하는 셈이다. 즉, 나와 자본이 다른 자본을 만들기 위해 함께 일하고 있는 것이다. 그러므로 두 번째 1,000만 원을 모으기 위한 노력 수치는 95 정도라고 볼 수 있다. 이런 수치는 두 번째 1,000만 원을 모으고 세 번째 1,000만 원을 모을수록 점점 작아진다. 처음 1,000만 원을 모으는 데 10개월이 걸렸다면 두 번째 1,000만 원은 9개월, 그다음은 7개월, 그다음은 5개월, 이렇게 줄어든다. 처음 1,000만 원을 모으기 위해 100을 노력했다면 1억 원이 되는 마지막 1,000만 원은 불과 20 혹은 30 정도의 힘으로 만들어진다. 그렇게 몇 년 후에 1억 원을 모으고 그 1억 원은 동일한 과정을 통해 다시 몇 년 후엔 몇 억이, 더 지나면 100억 원이 되는 것이다.

재산 증식 과정을 보면 1, 2, 3, 4, 5처럼 양의 정수(자연수)로 늘어나는 것이 아니라, 1, 2, 4, 8, 16과 같이 배수로 늘어난다. 이 원리를 이해하면 누구나 부자가 될 수 있다. 온 우주에 중력의 힘이 미치고 있듯 중력은 우주의 근본적 힘이며 세상을 만드는 원리 중 하나다. 이 원리는 무엇인가 불어나는 모든 것에 적용된다. 단지 돈은 물체가 아니기에 그것을 모으겠다는 사람 그 자신의 마음을 필요로 할 뿐이다.

리스크가 클 때가
리스크가 가장 작을 때다

투자는 미래에 대한 관점을 따른다. 그 관점의 핵심은 리스크를 어떻게 관리할 것인가에 있다. 우리는 어떤 자산이나 어떤 주식이 오를지 어느 정도 예측할 수 있다. 그러나 그 예측이 맞아도 리스크는 여전히 존재한다. 특정 자산에 진입하는 시기에 따라 수익이 다르기 때문이다. 전체 자산이 오르고 있는데도 손해를 보는 이유는 내가 가진 시간이 모자라거나 내가 투자한 돈의 질이 좋지 않기 때문이다.

다이아몬드라고 모두 같은 다이아몬드가 아니고, 금이라고 다 같은 금이 아니다. 다이아몬드는 알파벳 D부터 Z까지 23등급으로 결정되며, Z등급 이상은 팬시 컬러 다이아몬드로 또다시 분류돼 그 가격도 천차만별이다. 마찬가지로 금 역시 순도에 따라 같은 무게라도 그 가치와 가격이 다르다. 내 돈도 투자 기간을 오래 견딜 수 있는 돈이 있는가 하면 1년도 못 버티는 약한 체력을 가진 돈도 있다. 불과 몇 달 만에 다시 빼야 하는 품질 낮은 돈도 있다. 때문에 좋은 방향으로 예측을 잘해도 수익을 내지 못하는 사람이 많다. 투자시장에서 장기적인 성공을 거

두려면 리스크를 이해하고 내 자금 상태를 파악해 이길 수 있는 리스크와 상대해야 한다.

혼히 리스크가 크면 손실이나 이익도 크고, 리스크가 작으면 손실이나 이익도 적다고 이해하는데 이건 수학의 가장 기초적인 공식, 덧셈이나 곱셈을 이해하는 것과 같다. 수학에도 곱하면 오히려 작아지는 답이 있듯 리스크도 복잡한 여러 경우의 수가 있다. 리스크가 증가하면 이익에 대한 불확실성도 증가하고 손실 가능성도 증가한다는 의미다. 보통 변동성이 큰 시장이 리스크가 크다고 생각하지만 변동성에 따라 기대수익이 달라지는 경우는 거의 없다. 사실 리스크가 크다고 알려진 것 자체가 리스크를 줄여놓은 상태라는 걸 알아차리는 사람이 별로 없다. 흔히 주식시장에서는 돈을 비는 활황기에는 리스크가 없는 것처럼 보이고, 주가 폭락기에는 리스크가 큰 폭으로 증가한 것으로 생각한다. 폭락장에서 얼마나 깊고 멀게 손해가 발생할지 모르니 그 리스크가 너무 커 보여 아무도 주식을 사지 않아 급락한 것이다. 사실은 그 시기가 리스크가 가장 줄어 있는 때다.

상승장처럼 아무도 리스크를 겁내지 않을 때가 리스크가 가장 큰 경우도 있다. 오히려 리스크가 사라진 것처럼 보이는 상승장이 가장 리스크가 크다. 거품이 생기는 유일한 지점이기 때문이다. 따라서 리스크를 정확히 꿰뚫어 볼 수 있는 눈을 가져야 한다.

워런 버핏의 유명한 말이 있다. "남들이 욕심을 낼 때 두려워하고, 남들이 두려워할 때 욕심을 내야 한다(Be fearful when others are greedy, and be greedy when others are fearful.)." 워런 버핏은 모두가 두려워하는 지점을 리스크가 줄어든 상태로 본 것이다.

결국 나쁜 상황은 나쁜 상태가 아니다. 오히려 할인된 가격에 자산 구매 기회를 주니, 리스크가 줄어든 시점이 된다. 리스크가 무서워 아무도 매입하지 않는 순간이 리스크가 가장 적은 순간이 되는 것이다. 역설적이지만 비행기가 가장 안전한 때는 비행기 사고가 나고 일주일이 지났을 때다. 모든 항공사가 정비 점검을 더욱 철저히 하는 시점이기 때문이다.

리스크의 특성 중 하나는 과거 사례가 미래에 영향을 주지 않는다는 점이다. 패턴을 찾는 사람들은 새로운 미래, 아직 일어나지 않은 상황을 고려하지 않는다. 새로운 일이 벌어지면 이 상황을 과거의 일과 묶어 다시 해석할 뿐이다. 그러나 언제나 세상에는 역사에 없던 최악의 상황이 일어난다. 그리고 투자 세계에서 이를 대비하지 않는 사람은 사라지게 돼 있다. 또한 리스크는 정기적인 모습을 가진 채 비정기적으로 나타난다. '평균 10년에 한 번', '평균 30% 하락'과 같은 용어는 리스크를 이해하는 데 가장 방해가 되는 데이터다. 평균이라는 말처럼 실속 없는 것이 없다. 때때로 평균은 아무 의미가 없거나 사실을 왜곡하고 있기 때문이다. 그래서 리스크를 이해한다는 건 패턴과 분석에 의한 가정이 아니라 리스크에 대한 철학적 접근이라고 보는 것이 더 합리적이다.

욕심은 리스크를 낳는다. 이 욕심이 대중에게 옮겨 붙으면 낙관이라는 거품이 만들어진다. 거품은 폭락을 낳는다. 그러나 자포자기하고 두려움에 떠는 시기가 오면 봄이 오고 해가 뜬다. 이건 굳이 통계나 패턴으로 증명하지 않아도 인문학적인 지식으로 알 수 있다. 모든 욕심의 끝은 몰락을 품고 있다. 그리고 모든 절망은 희망을 품고 있음을 기억해야 한다.

남의 돈을 대하는 태도가
내 돈을 대하는 태도다

나는 예전부터 코스트코 주차장에 차를 세우고 들어가면서 주차장 구석에 널브러진 쇼핑카트를 일부러 끌고 들어가곤 했다. 내가 슈퍼마켓을 직접 운영하던 젊은 시절에 해마다 100여 개 넘는 쇼핑 카트가 사라지거나 파손됐다. 쇼핑카트를 끌고 집으로 가거나 주차장 구석에 처박아놓고 가버린 고객들 때문이다. 그 일로 매년 2만 달러 이상 손해가 났던 기억 때문에 내가 고객으로 장을 보러 가도 쇼핑카트를 함부로 대하지 않는다.

자기 자식은 지극히 사랑하면서 남의 자식에게는 매몰찬 사람이 있다. 자기 자식은 금처럼 귀한데 며느리나 사위는 한 번도 남의 집 귀한 자식이라는 생각을 해본 적이 없는 것이다. 돈에 대해서도 같은 태도를 지닌 사람들이 있다. 내 돈은 엄청 아끼고 절대로 함부로 사용하지 않으면서 공금이나 세금의 사용에 대해선 무심한 사람들을 간혹 본다. 가볍게는 친구가 밥을 사는 차례에는 비싼 것을 주문하거나 단체 회식비용이 몇 사람의 과한 술값으로 지불되는 경우가 있다. 무겁게는 국가의 세금이 들어간 기물이나 물품을 훼손하거나 국가 보조금을 부풀려 받아내거나 세금을 탈세하는 경우도 있다. 공금, 세금, 회비, 친구 돈, 부모 돈은 모두 남의 돈이다. 남의 돈을 대하는 태도가 바로 내가 돈을 대하는 진짜 태도다. 친구가 돈을 낼 때 더 비싼 것을 시키고 회식 때 술을 더 주문하는 행동은 내가 돈을 어떻게 보고 있는지를 알려주는 척도다.

세금이나 공금 같은 공공 자산을 함부로 하는 사람은 자신의 돈 역시 함부로 대하고 있음을 알아야 한다. 세금으로 만든 모든 공공시설, 도로, 안내판, 행사, 의료서비스 등에는 내 돈도 일부 들어 있다. 친구와 번갈아가며 사는 밥값에는 내가 낼 때만이 아니라 상대가 낼 때도 내 돈이 포함되어 있다.

내가 존중받으려면 먼저 존중해야 하듯 내 돈이 존중받으려면 남의 돈도 존중해줘야 한다. 나는 100% 내 지분으로 돼 있는 회사일지라도 회사 용도에 맞는 경우에만 법인카드를 사용한다. 그리고 내 회사 매장에 가도 반드시 돈을 지불하고 물건을 구매한다. 해당 회사의 사장이나 개별 매장의 매니저는 이익 정도에 따라 실적을 받기에 내가 임의로 물건을 가져온다는 건 그들의 이익 실적에 손해를 입히는 일이기 때문이다. 그것이 단 1원이라도 남의 돈이다. 또한 세금 납부는 국가 시스템을 통해 그 국가를 사용하는 모든 사람에게 주어진 책임이자 의무다. 내 농장 안에 길을 만들고 개울에 다리를 하나 놓는 데도 수억 원이 들어간다. 그러니 한 푼도 안 내고 멀리 떨어진 도시를 한 시간 이상 가로질러 다닐 수 있는 건 이미 많은 사람이 내놓은 세금과 내가 낼 세금이 모여 있기 때문이다.

세금은 내 돈이지만 동시에 남의 돈이다. 합법적인 절세는 내 자산을 보호하는 일이지만 탈세는 남의 돈을 훔치는 일이고 남의 돈을 함부로 하는 행위다. 남의 돈을 함부로 하지 않을 때 내 돈도 함부로 취급받지 않는다. 남의 자식에게 함부로 하지 않을 때 내 자식도 함부로 취급받지 않는다. 내 아들이 귀하다면 내 며느리도 귀한 것이고 내 딸이 금쪽 같다면 내 사위도 금쪽인 걸 알아야 한다.

나는 지금도 여전히 코스트코 주차장에 세워진 쇼핑카트를 보면 꼭 끌고 들어간다. 쇼핑카트를 모으러 주차장을 뛰어다닐 직원의 일감을 덜어주려는 마음에서다. 이제 코스트코는 우리 회사와 사업을 같이하는 파트너 사업체이기도 하다. 내 아들과 그 집 딸이 결혼하듯 내 돈과 코스트코 돈이 결혼을 한 셈이기도 하다. 코스트코 주식을 0.003%나 가진 주주이기 때문이다. 그래서 카트 바퀴 한쪽은 내 것이라는 마음으로 더 열심히 챙긴다. 남의 돈을 존중하다 보면 그 돈이 내 돈이 되는 일도 있기 때문이다.

100억을 상속받았는데
절대 잃지 말라는 유언이 붙었다면

회사에 다니던 제욱 씨는 어느 날 자식 없는 큰아버지로부터 100억 원이라는 거금을 상속받았다. 이제 부자로 살 수 있다는 꿈에 부풀어 유서를 자세히 읽어보니 두 가지 조건이 있었다. 첫째, 유산을 한 푼도 잃으면 안 된다. 둘째, 연간 물가상승률은 이익에서 제한다.

사치하거나 방탕한 생활로 후손이 자산을 탕진하는 꼴을 보고 싶지 않았던 이 어른은, 돈을 마땅히 관리할 만한 사람이어야 유산을 가질 수 있다고 생각하셨다. 만약 이 조건 중에 하나라도 어기면 언제든 다시 회수한다는 조건도 붙어 있었다.

이제 어떻게 해야 될지 고민해보았다. 100억 원이란 돈은 일반적으로 아무나 쉽게 벌 수도 없으며 하루에 100만 원씩 30년을 모아야 만들 수 있는 거금이다. 부동산을 사서 임대료를 받는 방법이 괜찮을 것 같지만 건실한 세입자를 만나야 하고, 세금과 건물 시세의 변동을 생각하면 가장 안전한 방법은 저축을 해서 이자를 받는 방법이다. 주식 투자는 더더욱 겁이 나는 일이다. 원금을 보장받고 이자 이익을 얻을 수 있는 은행 예금이 가장 좋은 방법처럼 보인다. 그래서 제욱 씨는 2020년 4월 현재 한국의 시중 은행 이자율과 상품을 각각 들여다봤다.

KB국민은행은 1년 만기 일반 정기예금 금리가 연 0.80%다. NH농협은행의 정기예금인 '큰만족실세예금'은 기본금리가 0.75%이고 우리은행 'WON예금'은 0.65%, 하나은행은 '주거래정기예금' 기본금리가 0.75%고 '고단위플러스정기예금'은 0.70%였다. 정부의 기준금리가 내려가면서 이자율이 대부분 1% 안으로 들어온 것이다. 1년 만기 상품이 가장 높은 0.80%이므로 100억 원 이자는 8,000만 원 정도가 된다. 15.4%인 이자과세 1,232만 원을 제하고 나니 세후 실수령액 100억 6,768만 원으로 6,768만 원을 벌었으니 이 정도면 충분히 부자로 살 수 있을 것이라 생각했다. 한국 통계청의 소비자물가조사에 나온 자료를 살펴보면 최근 5년의 평균 소비자 물가상승률은 1.1%다. 그러나 다행히 2019년도 물가상승률은 0.4%이므로 100억 원에서 4,000만 원 평가절하되었으니 4,000만 원을 제하면 2,768만 원의 이익이 발생한 것이다. 이를 월별로 나누니 230만 원 정도밖에 되지 않는다. 100억 원이라는 거금을 상속받고 멋진 부자로 살 줄 알았는데 오히려 직장을 그만둔 것이 후회스럽다.

예를 들기 위한 가상의 이야기지만 제욱 씨의 사례로 우린 몇 가지 교훈을 배울 수 있다. 첫째, 100억 원은 거금이지만 일정한 소득을 손실 없이 만들려고 하면 생각보다 적은 돈이다. 반대로 말하면 나에게 276만 원의 정기적인 수입이 있다면 100억 원을 가진 자산가나 별반 다를 것이 없다는 것이다. 정기적이고 고정적으로 들어오는 수입은 보통 그 액수의

100배 규모 자산의 힘과 같다. 그만큼 정기적인 자산은 높은 가치를 가진 고품질의 자산이다.

둘째, 돈은 버는 것만큼 지키기도 힘들다. 돈을 잃지 않고 지켜내는 일은 결코 저절로 이루어지지 않는다. 반드시 배워야 할 일이다. 버는 것은 기회와 운이 도와주기도 하지만 지키는 건 공부와 경험과 지식이 없이는 결코 얻을 수 없는 가치다.

셋째, 정말 100억 원을 가졌어도 276만 원 급여 생활자의 생활 태도를 넘어서는 순간 재산이 하향할 수 있다. 이 사실을 인지하고 검소하고 단정한 삶을 살아야 한다. 당신은 100억 원을 벌 사람이니 미리 이 지혜를 받아들이기 바란다.

빨리 부자가 되려면,
빨리 부자가 되려 하면 안 된다

부자가 되려는 사람들이 가장 많이 하는 실수는 빨리 부자가 되려는 마음을 갖는 것이다. 빨리 부자가 되려는 욕심이 생기면 올바른 판단을 할 수가 없다. 사기를 당하기 쉽고 이익이 많이 나오는 것에 쉽게 현혹되며 마음이 급해 리스크를 살피지 않고 감정에 따라 투자를 하게 된다. 거의 모든 결말은 실패로 끝나고 만다. 혹시 운이 좋아 크게 성공을 했어도 다시 실패할 수밖에 없는 모든 조건을 가진 자산과 인연만 만들게 된다. 무리한 투자나 많은 레버리지를 사용하는 버릇을 버리지 못하고 힘이 약한 재산만 가지고 있기 때문이다.

이런 실패를 통해서도 배우지 못한 사람들은 늦춰진 부자의 길을 앞지르기 위해 점점 더 무리한 투자나 허망한 꿈만 좇다 끝내 절망하고 세상을 원망하며 고약한 사람으로 인생을 마무리하게 마련이다. 부자는 결코 빨리 되는 것이 아니다.

빨리 부자가 되는 유일한 방법은 빨리 부자가 되지 않으려는 마음을 갖는 것이다. 자수성가의 길을 걷는 사람이라면 나이 40에 부자가 되는 것도 너무 빠르다. 20대나 30대에 빨리 부자가 된 젊은이들 중에 그 부를 평생 가져갈 수 있는 사람은 손에 꼽을 정도다. 그래서 부자가 되기에 가장 좋은 나이는 50세 이후다. 젊은 시절에 부자가 되면 부를 다루는 기술이 부족하고, 투자로 얻는 이익이나 사업으로 얻는 이익이 더 눈에 보여서 모으고 유지하는 능력이 가진 재산에 비해 약해진다. 결국 다시 가난해질 확률이 높다.

또한 빨리 부자가 되려는 마음은 누군가와 나를 비교하고 있거나 주변에 나를 과시하고 싶어 하는 마음이 그 본질이다. 부는 차근차근 집을 짓는 것처럼 쌓아나아가야 한다.

돈을 버는 기술과 돈을 모으는 능력, 돈을 유지하는 능력, 돈을 쓰는 능력을 골고루 배우려면 나이 50도 버거운 것이 사실이다. 이 네 가지 능력은 잘 차려진 밥상의 네 다리에 해당한다. 이 중에 하나라도 길이가 짧거나 없으면 음식이 많이 차려지는 그 어느 때 와장창 무너지기 마련일 테니 말이다. 빨리 부자가 되려는 마음을 버리고 종잣돈을 마련해 복리와 투자를 배우고 경제 용어를 배워 금융문맹에서 벗어나야 한다.

죽어라고 절약해 종잣돈 1,000만 원 혹은 1억 원이라도 만들어 욕심을 줄여가며 자산을 점점 키워서, 그 자본 이익이 노동에서 버는 돈보다 많아지는 날이 바로 당신이 부자가 된 날이고 경제적 독립기념일이다. 이날을 길이길이 기념해 당신과 가족의 해방일로 삼으면 된다. 이렇게 부자가 되는 사람은 절대로 다시 가난해지지 않으며 부가 대를 이어 발전해나갈 수 있다. 이것이 가장 빨리 부자가 되는 방법이다. 절대로 빨리 부자가 되려 하지 마라. 부자가 되는 가장 빠른 방법은 이 사실을 가슴에 새기는 데서부터 시작된다.

경제 전문가는
경기를 정말 예측할 수 있나?

없다. 아무도 없었고 앞으로도 아무도 없을 것이다. 물론 단기간의 특정 구간에서는 가능하다. 그러나 거시경제(macroeconomics)의 경기를 예측해서 맞추는 사람은 없다. 연이 나는 모습을 보며 바람이 부는 방향을 알 수는 있지만 그 바람에 풍선을 날린다고 어느 방향으로 날아갈지 알 수 없는 것과 같다. 특히 몇 달 후, 몇 년 후의 경기를 학자 혹은 전문가의 타이틀로 예측한다 해도 그들의 말을 사실로 받아들이면 안 된다.

일부분이나 누군가는 맞겠지만 그건 점쟁이들이 같은 말을 해도 누군가에게는 맞고 누군가에게는 틀리는 것과 같다. 다만, 이전에 맞춘 경력만 소개되고 틀린 경력은 사라져 여전히 전문가처럼 보일 뿐이다. 만약 누군가가 경기 패턴의 원리를 찾아냈다면 1년 안에 세상에서 제일 부자가 될 수 있고 수년이면 전 세계 재산을 다 가져갔을 것이다.

그나마 그런 영역에 가장 근접한 사람이 경제학자나 경제 분석가이지만 그들이 다른 특정 직업인들에 비해 부자라는 증거는 어디에도 없다. 그런 특별한 능력을 가진 사람이 경제 방송에 나와 경기를 예측하는 발언을 하지는 않을 것이다. 아마 조용히 파생상품을 팔아 대학이나 방송국을 소유하고 이 세상 모든 사업체의 대주주가 되어 있을 것이다. 간혹 정확히 예측을 해서 유명해지는 사람들이 있지만 그의 다음 발언이 이전에 명성을 이어갈 확률은 다른 이에 비해 그다지 높지 않다. 동전을 던져 한 번 앞면을 맞춘 사람이 뒷면을 고른 사람보다 다음에도 더 높은 확률로 앞면을 고르지 못하는 것과 같은 이치다.

이들의 말보다 무서운 건 이들 의견에 무게를 두고 모든 재산을 거는 사람들이다. 어느 누구도 특정 주식이 내일 오를지 내릴지 모른다. 경영자인 나도 내 회사의 내년을 알 수 없다. 전문가라는 명성을 갖고 앞으로 금리가 오른다 내린다, 주가가 오른다 내린다 하는 말은 그저 그 사람의 의견일 뿐, 다른 누군가의 의견보다 비중이 큰 건 아니다. 그래서 현명한 투자자나 전문가는 사람들에게서 '이 주식이 오를까요?', '앞으로 채권 시장은 어떻게 될까요?', '지금부터 반등을 할까요? 아니면 더 떨어질까요?' 같은 질문을 받으면 이렇게 대답한다. '저는 모릅니다.'

'모릅니다'가 정답인 이유는, 미래는 과거 데이터의 틀 안에서 만들어지는 것이 아니라 새로운 미래가 데이터에 합류될 뿐이기 때문이다. 그렇기에 규칙이 없으며 예상외의 일이 매번 일어나는 것이다.

경제학자 존 갤브레이스(John Galbraith)는 "세상에는 '모르는 사람'과 '모르는 것을 모르는' 두 종류의 사람이 있다"고 말했다. 환율이나 주가 동향, 원자재 가격 등 경제 전반을 예측하는 사람이 왜 책을 팔러 다니고 돈을 받고 강연을 하며 유튜브에 광고를 해가며 근사한 전문 해설과 예측을 하고 있을까? 우리는 모르는 사람이고 그들은 모르는 것을 모르는 사람일 뿐이다. 스스로 똑똑하다고 믿는 사람은 예측을 하고 예측에 기대어 투자를 한다. 예측이 맞는 경우도 있지만 예측이 맞지 않을 경우도 있다는 것이 진리다.

인류에게 주식 거래소가 생긴 지 400년이 지났지만 아직도 예측이 가능한 이론은 나오지 않고 있다. 투자 세계에는 불변의 진리가 몇 가지 있다. 경제 예측이 가능하시 않다는 점과 확신은 가장 무거운 벌로 응징한다는 점이다. 인간의 현대 경제 구조 안에서 이 규칙은 불변이다.

불교의 『반야심경』에서는 '색(色)·수(受)·상(想)·행(行)·식(識)'의 오온(五蘊)의 가합(假合)인 나는 공(空)'이라 가르친다. '나는 아무것도 모른다'라는 의미다. '나는 아무것도 모른다'고 할 때 오히려 위기에서 벗어나게 된다. 모를 때가 아니라 안다고 생각하는 것이 틀렸을 때가 위험하다. 심지어 그런 사람은 자신의 예측이 틀린 것이 아니라 이번에는 운이 나빴다고 생각한다. 그러나 모르면, 모른다고 생각하면 사람은 조심하고 경계하며 만약을 준비하게 된다. 알 수 없다는 것을 알 때, 우리는 개별 투자 자산이나 회사에 대해 깊이 공부하고 정보를 모을 수 있다. 또한 그 사실 관계를 확인해서 사람들이 아직 보지 못한 것을 찾을 수 있어야 한다. 이를 바탕으로 시장이 다른 곳으로 갈 때 반대로 갈 용기를 가진 사람만이 시장보다 성공할 수 있다.

삼성전자 주식을
삼성증권에 가서 사는 사람

대학 1학년 때 주식이라는 걸 처음 알았다. 하지만 주변에 주식을 하는 사람이 단 한 명도 없었고 어디에서, 누구에게 물어봐야 하는지도 알 수 없었다. 물론 돈도 없어서 얼마가 있어야 주식을 살 수 있는지조차 몰랐다. 그래서 당시 여의도 증권거래소에 무작정 갔다. TV에서 증권 뉴스가 나올 때마다 간혹 보이던 거래 장면이 생각났기 때문이다. 무거운 유리 문 앞에 서 있던 경비원에게 주식을 사러 왔다고 했더니 나가라며 나를 쫓아냈다.

이 일이 나와 주식의 첫 경험이다. 글을 쓰면서 아직도 주식을 사려면 증권거래소에 가야 한다고 알고 있는 사람이 있을까 싶었다. 하지만 놀랍게도 최근 삼성전자 주식을 사러 사람들이 삼성증권으로 찾아온다는 소리를 들었다. 모르는 사람들의 사고 수준은 30여 년 전이나 지금이나 다를 바 없었다. 마치 빼빼로를 사려면 롯데마트에 가야 하는 줄 아는 수준이다.

사실 주식시장은 운도 통하지 않는 무서운 시장이다. 주식을 사고판다는 소리는 회사를 사고파는 일이고 회사를 사고파는 사람들이란 금융과 경영 세계에서 가장 힘센 포식자들이다. 이런 사람들 사이에서 주식투자에 성공하기 위해서는 경제 용어를 모두 이해할 정도로 공부하고 개별 기업이 어떻게 경영되는지를 이해할 수 있어야 한다. 또한 나라의 산업 발전 과정과 정치 세력의 국가 운영에 대한 포괄적 지식까지도 필요하다. 더불어 인문학적 지식은 물론이요, 여러 사람들의 욕심과 욕망, 두려움과 좌절을 냉정하게 비켜 나갈 자신도 있어야 한다. 빼빼로를 사러 롯데마트에 가야 하는 줄 아는 사람은 삼성전자 주식을 우연히 적기에 샀다 해도 언제 이익을 실현해야 할지 모르니 이리저리 묻다 적은 이익을 얻는다. 들어갔다, 나왔다를 반복하면서 원금이 사라지기 시작하고 원금을 회복하기 위해 무리한 종목에 투기를 하는 식이다.

만약 주식 투자를 하려고 마음먹었다면 마치 회사를 경영하듯, 대학학부 과정을 다니듯, 4년은 공부하기 바란다. 좋은 선배가 있다면 수업 시간을 줄일 수 있다. 내겐 워런 버핏, 벤저민 그레이엄(Benjamin Graham), 하워드 막스(Howard Marks), 앙드레 코스톨라니(André Kostolany) 같은 분들이 투자자로서 오랜 성공과(여기서 오랜 성공은 아주 중요하다) 삶의 통찰을 갖춘 철학적 선생이다. 이런 사람들의 투자 철학을 받아들인 선배라면 배울 만하다. 나는 투자나 사업에서 '왕년'과 '이론'을 가진 사람을 신뢰하지 않는다. 오랜 기간 투자나 사업을 잘해왔고 지금도 잘 벌고 있는 사람만 믿는다(여기서도 오랜 기간은 아주 중요하다).

성공 혹은 뛰어난 이론은 그것이 무엇이든 오랜 기간으로 증명해야 한다. 오랜 기간이란 최소한 한 세대(30년) 이상을 말한다. 단기간에 성공했거나 한 번 크게 성공한 사람을 믿으면 안 된다. 결실이 없는 이론가를 믿으면 안 된다. 도박장에 다니는 어떤 친구는 매번 돈을 따온다. 매번 잭팟을 터뜨려 현금으로 바꾼 영수증을 보여주기도 한다. 하지만 그가 그 잭팟을 터뜨리기 위해 얼마나 많은 돈을 잃었는지는 아무도 모른다. 잭팟이 터지지 않은 날은 카지노에 다녀온 것을 비밀로 하고 있다는 것도 모른다.

주식에서의 큰 성공도 잭팟과 같다. 이것이 투기가 아니라 투자였음을 증명하려면 오랜 기간 조금씩 성공해나갔음을 증명해야 한다. 삼성전자 주식을 사기 위해 삼성증권에 가는 사람에게 얼마나 많은 선생이 조언을 할 것인가를 생각하면 소름이 돋는다. 증권사 직원들도 사실 투자에 대해서는 아무것도 모르는 사람들이다. 그들은 그냥 장 앞에 앉아 있을 뿐이다. 말 그대로 의자 앞에 앉아 있는 것뿐이다. 그들이 투자를 잘했으면 증권사에서 그렇게 심한 정신적 노동을 하며 앉아 있을 이유가 없다. 가장 좋은 증권사 직원은 "저는 잘 모릅니다"라고 대답해주는 사람이다.

옆집 남자가 낚시를 다니더니 잡아온 물고기가 점점 커진다. 처음엔 손바닥보다 큰 걸 잡았다 자랑하더니 나중엔 팔뚝만 한 걸 잡았다고 한다. 해가 지나니 두 손을 벌려 자기가 잡았던 물고기의 크기를 자랑한다. 이제 관록이 붙어 프로 낚시꾼이 다 된 이웃은 이번엔 두 손을 더 이상 벌리지 않고 손가락의 엄지와 검지를 있는 대로 벌려서 이 정도 크기나 되는 걸 잡았다고 자랑한다. "그건 그리 크지 않은 것 같은데?"라는 내 말이 끝나기도 전에 그가 "물고기 눈하고 눈 사이 길이야"라고 말한다. 한 번도 잡은 물고기를 본 적이 없지만 물고기는 그렇게 자라나고 있었다.

그러니 초보자는 직접 보지 않고는 함부로 믿지 말기를 당부한다.

다른 이를 부르는 호칭에 따라
내게 오는 운이 바뀐다

몇 해 전 한 신문사 기자 소개로 한국의 유명 사업가를 만난 일이 있다. 한국을 비롯해 아시아 전역에 사업체를 가진 분으로 매우 열정적인 삶을 사는 분이었다. 사업체를 정교하고 자신 있게 경영하고 있었다. 국제적인 회사들의 거침없는 공략에도 거뜬하게 버티고 있었다. 그분의 창의적인 아이디어와 자신 가득한 사업 태도에 깊이 감동하는 시간이었다. 하지만 시간이 지날수록 마음에 거슬리는 것이 하나씩 늘어났다.

그가 자신의 사업 이야기를 할 때는 언변만큼이나 눈빛이 살아 있어서 동석한 모든 이들의 집중을 받았고 이를 흠뻑 즐기는 듯했다. 그러나 다른 사람이 대화를 이끌면 곧바로 아무런 관심이 없는 자세로 물러앉았다. 자신이 대화를 주도하지 않을 때는 입을 다물고, 상대의 대화에 참여해 질문하거나 흥미를 보이는 일도 없었다. 또한 그는 대화 중에 나오는 유명인을 모두 '걔는~'이라고 호칭했다. 오바마, 케리(홍콩 행정장관), 아베, 손정의 씨도 모두 '걔'로 불렀고 자신의 친구들도 모두 '걔'라고 불렀다. 그가 현직 장관이든 국회의원이든 후배든 부하직원이든 상관이 없었다. 물론 자신의 사업 영역과 친분을 자랑하려 하는 말이다. 하지만 나도 이 자리를 벗어나면 그에겐 '걔'로 불릴 것이 뻔했다. 최악은 자신의 최근 관심사인 골프에 대해 끊임없이 대화를 이끌어가는 모습이었다. 참석자 중에 아무도 골프를 치지 않는데 누군가 수목원 이야기를 하면 그 근처 골프장 이야기로 끌고 가고 동남아 여행 이야기가 나와도 다시 골프 이야기고 심지어 누군가 크루즈 이야기를 했는데도 골프와 연결지었다. 배에서 바다로 골프공을 쳐서 날리고 싶었나 보다.

그의 열정과 사업적 재능이 더 이상 빛을 내지 못하고 있었다. 사업에서는 성공을 했지만 어쩌면 그는 더 이상 정말 좋은 친구가 한 명도 남지 않았을 것 같아 안타까움이 들었다. 그날 그 자리에 참석한 사람 중에 그에게 받은 명함을 간직한 사람은 아무도 없을 것이다. 자리에 없는 사람을 하대함으로써 자신을 결코 높일 수 없고, 다른 사람의 관심사에 관심이 없으면 그의 운은 더 이상 발현될 수 없다.

사실 내가 이 이야기를 쓰는 이유는 나 때문이다. 나 역시 최근에 선생 대우를 받고 사업 규모가 커지면서 제법 명성 있는 제자들과의 친분을 자랑하려고 '얘는, 걔는, 쟤는, 그 친구는'이라는 용어를 쓰기 시작한 것이다. 사적인 자리에서조차 선생 노릇 하듯 말이 많아지는 것을 느끼고 정말 화들짝 놀랐다. 그의 모습에서 내 모습을 보고 반성을 하게 됐다.

나는 이런 사소한 것이 사람의 인생과 운과 심지어 경제적 환경까지 모두 바꿔나간다고 믿는다. 꼰대가 되고 꼴통 보수가 되는 것은 한순간이다. 그 순간 인연도 행운도 재산도 모두 사라지기 마련이다. 그러니 이미 성공한 사람은 자신을 되돌아보아야 하고 성공하여 풍요롭고 안정적인 삶을 유지하고 싶은 사람은 절대로 이런 경박함을 배우면 안 된다. 선배와 친구를 존중하고 후배나 제자에게 다정하고 이들이 보이지 않는 곳에서도 한결같아야 한다. 말을 줄이고 남의 이야기를 경청해야 한다. 이런 사람은 누구에게라도 깊은 애정과 신용을 얻는다. 애정과 신용은 없는 운도 만들어낸다.

인간의 마음은 말에 나타나고 말에 정이 없으면 남을 감동시키거나 바꿀 수 없다. 사람은 마음이 오고 간 후에 이론과 논리가 더해질 뿐이다. 우리는 어떤 사람이 말을 잘하거나 논리적이라고 존경하지 않는다. 그에게 진정성이 보일 때, 그의 생각과 뜻이 나와 달라도 존중을 하게 된다. 말은 그 사람의 마음이 내보내는 냄새다. 마음의 냄새가 향기인지 악취인지는 표현하는 언어를 통해 알게 된다. 행운도 행복도 좋은 향을 따라다닌다.

반복되는 운은 실력이고
반복되는 실패는 습관이다

뭘 해도 잘 안되는 사람이 있다. 어렵게 준비해 가게를 차리면 그다음 달 가게 바로 앞에 도로 공사를 하고 길을 걷다 발목을 다치고 사기를 당하거나 자동차 접촉 사고도 잦다. 본인은 운이 나쁘다 생각하겠지만 이런 일이 잦은 사람은 삶의 방식을 처음부터 다시 점검해야 한다. 급한 욕심에 제대로 확인도 안 하고 매장을 열었고, 생각보다 사업이 안되는 상황을 고민하며 급하게 길을 걷다가 구멍 난 보도블럭에 발을 다친 것이다. 어수선하고 부주의한 행동이 모여 자동차 사고로 이어진 것이다. 사실 이 모든 것은 서로 연결돼 있다. 재수가 없는 게 아니라 재수가 없는 환경에 자신을 계속 노출시켰기 때문에 이런 불운이 따라다니는 것이다.

이런 사고가 잦아지면 인생이 삶에 경고를 주는 것이라 생각하고 큰 사고가 나기 전에 평소의 모든 삶을 점검해야 한다. 여러 가지 작은 사고가 모여 나중에 큰 사고가 되기 때문이다. 돈을 함부로 대하는지, 쓸데없는 인연이 너무 많지 않은지, 음식은 정갈하고 제때 먹는지, 집안에 들고 남이 일정한지, 남을 비꼬거나 흉보지 않았는지, 욕을 달고 살진 않는지,

이런 모든 면에서 자기반성부터 해봐야 한다. 일이 잘 풀리지 않는 사람은 음식을 줄이며 절대로 배가 부르게 먹지 말고 진하고 거친 음식을 멀리하고 일정하게만 먹어도 다시 운이 돌아온다. 식사를 제대로 정해진 시간에 하려면 생활이 일정하고 불필요한 사람들을 만나지 않아야 한다.

이것이 시작이다. 그러면 몸이 가벼워지고 운동을 하고 싶어지며 걷고 움직이다 보면 생각이 맑아진다. 그제서야 비로소 욕심과 욕망을 구분할 줄 알게 되고 들고날 때가 보인다. 그제야 비로소 대중이 움직이더라도 참을 수 있게 되고 홀로 반대편에 서 있어도 두려움을 통제할 수 있게 된다. 많은 인연 속에 가려졌던 진정한 친구도 이때 나타난다. 이때부터는 모든 것이 잘 풀리고 건강도 재물도 인연도 얻게 된다.

반면 평소에 항상 운이 좋은 사람이 있다. 어디 가면 경품도 잘 뽑히고 가위바위보도 잘하고 주차장 빈 자리도 잘 찾는 사람이다. 사업을 해도 어려움 없이 술술 풀리기도 한다. 이런 사람은 사실 운이 좋다기보다 일반적인 사람보다 예리하고 똑똑할 수 있다. 경품 용지를 반으로 접어 넣으니 손을 휘휘 저을 때 펴진 종이보다 걸릴 확률이 높다. 남자들은 바위를 낼 확률이 높고 여자들은 가위를 낼 확률이 높다. 그러니 남자랑 할 때는 보를 내고 여자랑 할 때는 바위를 내면 확률이 올라간다. 손목에 힘 줌이 보이면 바위를 낼 확률이 높고, 주먹을 냈다가 진 사람은 다음번에 보를 내고, 보를 냈다가 진 사람은 가위를 낼 확률이 높다. 이런 몇 가지 요령을 쓸데없이 외우고 있는 사람일지도 모른다. 이런 짐작을 하지 못하면 그가 그냥 운이 좋은 사람이라 생각한다. 이런 사람은 사업을 해도 시대의 흐름에 맞는 아이템을 잘 찾고 잘 빠져나온다. 뭘 해도 술술 풀리는 것 같다. 남이 보기엔 운이지만 본인 입장에서는 많은 공부와 관찰의 결과다.

이런 사람이 가장 조심해야 할 것은 자신은 운이 좋은 사람이라는 착각이다. 운이 좋다는 주변의 칭찬에 실제로 본인도 그렇게 믿는 순간, 대형 사고가 날 수 있다. 자신의 운을 믿고 불확실한 결과에 대담성을 보여 무모한 투자에 뛰어든다. 때때로 성공하기도 해서 모두의 부러움을 얻기도 한다. 그러나 그것은 관찰과 학습을 벗어난 운이다. 운은 절대로 반복되지 않는다. 단 한 번의 실수로 모든 것을 허물어버릴 수 있다. 자기 자만에 빠지는 순간, 개연성이 전혀 없는 일에 확신을 가지며 운을 실력이라 믿고 추측을 지식으로 생각한다. 모든 상황이 잘 풀릴 때는 운도 실력처럼 보이지만 운은 불규칙적이다.

따라서 나는 운이 좋은 사람이든, 나쁜 사람이든, 일정한 시간에 과하지 않게 정갈한 식사를 하라고 권한다.

뉴스를 통해 사실과
투자 정보를 구분하는 법

코로나 바이러스(COVID-19)가 2020년 3월과 4월 전 세계를 공포로 몰아넣었다. 미국 다우지수는 3만 포인트를 눈앞에 두고 갑자기 폭락해 2016년 10월 지수인 1만 8,000대로 떨어져버렸다. 매스컴에선 각 나라의 감염자와 사망자 숫자가 매일 집계되어 국가 순위처럼 발표되고 온 지구 사람들을 두려움에 떨게 했다. 온갖 경제 전문가들은 대공황 및 여러 폭락 시기와의 연관성을 찾아 공포를 부추기고 대부분의 주식은 회사의 자산 가치 밑으로 떨어져버렸다.

코로나 바이러스로 시작된 문제가 유동성 문제로 이어졌고 하이일드(High Yield) 채권을 발행한 회사들의 부도를 시작으로 우량 기업에 이르기까지 연쇄 부도를 걱정했다. 미국 실업률이 3월 2주간 995만 건으로, 2009년 금융위기 당시 6개월의 신청 건수와 비슷한 수준까지 올라왔다. 이는 평소 건수의 50배 이상이다. 3.5%에 불과했던 미국 실업률이 이미 17%에 도달했을 것으로 계산됐다. 실업률 증가는 소득 불균형을 더 악화시킨다. 이미 미국 흑인의 실업률은 3월 5.8%에서 4월에는 16%로 급등

한 것으로 확인됐다. 고용시장의 악화는 향후 생산, 소비, 투자와 실물지표 등 모든 것을 악화시킬 것이다. 1929년의 미국에서 발생했던 대공황에 버금가는 공포가 상기되는 것은 당연한 일이었다. 일명 선진국으로 알려진 미국과 영국 그리고 유럽의 주요 강국들이 그렇게 허무하게 무너져버렸다.

그 나라들은 선진국이 아니라 그냥 강국이었을 뿐이다. 각국의 대처와 의료체계는 실망스러울 정도였고 국가의 지도자들이 감염되자 순식간에 세상을 가둬버렸다. 전 세계에서 유일하게 한국만이 미리 정밀하게 대처함으로써 위기를 버텨내고 있었다. 세계 경제는 미국만을 바라보고 있었지만 미국은 그중에서 가장 치욕적인 결과를 보여줬다. 세상에서 가장 큰 도시인 뉴욕에서만 중국보다 많은 숫자가 감염되고 하루 600여 명이 넘는 사망자가 생길 정도였다. 발생 초기만 해도 최고의 의료 시스템을 자랑하며 자신만만해하던 트럼프 대통령은 가능한 한 적은 희생을 바란다며 꼬리를 내리고 우왕좌왕했다.

모든 기업과 사람들은 현금을 확보하려 했다. 주식을 산다는 건 무모해 보였다. 공포는 공포를 낳아 모두가 시장에 주식을 던져버렸다. 불과 몇 달 전만 해도 자신만만하던 세계 경제가 한순간에 무너져버린 것이다. 심지어 가치 투자와 장기 투자로 유명한 워런 버핏조차 추가 구매했던 항공사 주식을 한 달도 안 돼 어마어마한 손실을 보고 팔아버렸다. 비관적인 전문가들은 이 공황은 절대 V자 반등은 될 수 없다고 말하며 W라느니, L 혹은 U라고 말하기 시작했다.

사실 아무도 미래를 알 수 없다. 나는 사실만을 믿기로 마음먹었다. 그 공포 속에서도 여전히 희망을 보는 사람들이 있었고 그들의 희망이 무엇인지도 궁금했다. 3월 중순, 공포가 가장 극에 달했을 때 주식을 사기 시작했다. 나도 사실 무서웠다. 그래서 내가 가진 현금 자산의 3분의 1 정도를 매집하고 더 떨어질 경우를 대비하고 있었다. 내가 이 공포 속에서 희망을 본 것은 코로나 바이러스의 총 누적 숫자가 아닌 발생 비율과 발생 기간이었다. 대부분의 나라에서 발생이 최고조에 달한 후 줄어드는 기간이 한 달 내외였다. 발생 건수는 매일 증가해서 총합계의 그래프는 올라간다. 하지만 발생 비율은 어제에 비해 발생 건수가 얼마나 늘었느냐를 보기에 그래프가 내려간다. 대부분의 나라가 발생 초기에 방심하다가 발생이 증가하고 공포가 가장 극심해질 무렵부터 한 달이면 안정화되기 시작하는 패턴을 보였다. 나는 발생 건수가 아닌 발생 비율에 주목했다.

발생 비율을 기준으로 삼으면 최고 지점을 막 지나자마자 코로나 바이러스가 통제되고 줄어드는 것이 보인다. 중국, 한국, 이탈리아가 같은 그래프를 그리며 지나갔고, 스페인, 프랑스, 독일이 같은 모습을 보이며 그 뒤를 이었다. 이제 미국, 영국, 캐나다가 그렇게 될 것으로 보인다.

시장은 지금 현재 상황보다 이 상황의 불확실성을 더 두려워한다. 주식시장의 미래가 현재에 있지 않은 이유다. 사실은 누구나 아는 것이다. 그러나 사실이 가리키는 미래는 누구나 알 수 있는 것이 아니다. 이 투자가 성공했는지는 수년이 지난 후에 알게 되겠지만 아주 확실한 사실이 하나 있다. 다우존스 지수가 2만 9,000대에서 3만을 앞두고 아무 걱정 없이 호황을 누리던 시간에 사실은 가장 리스크가 컸고, 거의 모든 사람이 거대한 공포에 떨고 투매가 이루어진 시점에 가장 리스크가 작았다는 사실이다. 만약 다시 다우존수 지수가 1만 포인트로 하락해도 2만 9,000포인트로 가기 전에 반드시 공포스런 1만 9,000 포인트를 먼저 지나갈 것은 명백하기 때문이다.

돈마다 시간은 다르게 흐른다

영화 〈인터스텔라〉에는 시간의 흐름이 동일하지 않음을 보여주는 장면이 나온다. 지구를 떠난 우주선이 웜홀을 통과해 머나먼 은하계에 도착했을 때 우주선 안에서 2년을 보냈을 뿐인데, 지구에서는 23년이 흘렀음을 보여주는 장면이다. 반대로 시간이 지구보다도 훨씬 느리게 흐르는 장면도 있다. 블랙홀의 영향으로 중력장이 강해진 곳에서는 시간이 매우 더디게 흐른다는 논리다.

갈릴레이는 '모든 운동은 상대적이며, 등속운동을 하는 관찰자에게는 동일 물리법칙이 적용된다'는 상대성원리를 발표했다. 하지만 과학자들이 '빛의 속도는 항상 일정하다'는 사실을 발견하며 상대성원리는 도전을 받았다. 기차를 타고 가고 있는 경우, 상대방의 속도를 구하려면 모든 관찰자에게 '속도 덧셈 법칙'이라는 물리법칙이 적용돼야 하지만 빛의 속도를 구할 때는 '속도 덧셈 법칙'을 적용할 수 없다. 아인슈타인은 이런 모순성에 반하는 '특수 상대성이론 원리'를 발표했다. 정지한 사람과 움직이는 사람의 시간이 다르게 흐른다는 것을 증명해낸 것이다.

어려운 물리법칙 말고 쉽게 이해해보자. 가령, 사랑에 빠지거나 열정적으로 일할 때는 시간이 금방 흐르지만 좁은 비행기 좌석에 앉아 있을 때는 몇 시간도 하루처럼 천천히 간다. 월급을 받는 사람은 한 달이 더디 오지만 빚을 지면 돈 갚는 날이 순식간에 다가온다. 나이가 들수록 시간이 빨리 흐른다고 말한다. 60세인 장년에게 1년은 체감상 60분의 1이지만 6세인 아이에게 1년은 체감상 10년이다. 사람도 세상도 누구에게나 언제나 시간이 똑같이 흐르지는 않는다.

돈도 마찬가지다. 돈 역시 특수 상대성원리의 영향을 그대로 받는다. 돈은 액수와 출처에 따라 각기 다른 시간으로 흐른다. 같은 금액의 돈이라도 그 출처에 따라 시간이 각기 다르게 흐른다. 또한 돈의 주인에 따라 시간이 다르게 흐르고 같은 주인이라도 다른 시간을 가진 돈이 있다. 시간이 많아 천천히 흐르는 돈은 같은 투자에 들어가도 다른 돈이 자리를 잡을 때까지 의젓하게 잘 기다린다. 그러나 시간이 없는 조급한 돈은 엉덩이가 들썩거려 다른 돈을 사귈 시간이 없다. 시간이 많아야 친구도 사귀고 연애도 하고 아이도 낳는다. 같은 시기에 주식에 투자된 돈이라도 어떤 돈은 내년 결혼 자금이고, 어떤 돈은 다음 학기 학비로 나가야 한다. 제일 무서운 녀석은 융자 때 레버리지로 따라온 돈이다. 이 돈은 식인종처럼 원금을 잘라먹으면서 뛰어다니다가 심지어는 원금과 그 원금의 주인을 잡아먹으려 뛰쳐나오기도 한다. 반면에 어떤 돈은 딱히 갈 곳이 없어 이곳에서 10년, 20년 배당이나 받겠다고 아주 살림을 차리려 하기도 한다.

사람들 눈에는 돈의 액수만 보이지만 실은 그 돈이 자라나고, 만들어지고, 주인을 찾아가는 과정에서 각기 다른 환경을 겪는다. 한 주인의 품 안에 들어가도 어떤 돈은 시간이 많고 어떤 돈은 시간이 없다. 다른 주인에게 들어간 돈은 그 주인에 따라 또 다른 시간을 가진다. 돈 주인이 이미 시간이 많은 돈을 가지고 있으면 새로 들어온 돈도 이제부터는 시간이 많아진다. 돈이 많이 몰려간다고 새 주인이 그 돈에게 시간을 많이 주는 것은 아니다. 그 주인의 품성이 돈보다 더 좋아야 가능한 일이다.

좋은 주인을 만난 돈은 점점 더 여유 있고 풍요로워진다. 심사숙고해서 좋은 곳으로 보내주고, 조급하게 열매를 맺거나 아이를 낳으라고 닦달하거나 보채지 않는다. 돈은 더더욱 안심하고 좋은 짝을 만나 많은 결실을 맺게 된다. 신기한 것은 시간이 많은 돈이 만들어낸 돈은 모두 다 같은 자식이라서 다시 또 시간이 많은 돈을 낳는다.

그렇다. 누구라도 시간 많은 돈을 거느릴 만한 주인이 되지 못하면 결국 그 돈이 당신을 거느리게 될 것이다.

달걀을 한 바구니에 담지 않았는데
왜 모두 깨질까?

'달걀을 한 바구니에 담지 마라'는 투자 격언 중 가장 오래되고 유명한 격언이다. 사실 이 말은 이탈리아의 오래된 속담이다. 미국의 한 번역자는 세르반테스의 소설 『돈키호테』를 번역하며 "지혜로운 자는 내일을 위해 오늘을 삼갈 줄 알고 하루에 모든 것을 모험하지 않습니다"라는 말을 이 격언으로 의역했다. 이후 분산투자에 대한 포트폴리오 이론(Portfolio Theory)에 기여한 공로로 1981년 노벨 경제학상을 수상한 제임스 토빈(James Tobin)이 그의 이론을 일반인도 이해할 수 있게 설명해달라는 기자의 요청에 이렇게 답한다.

"투자할 때 위험과 수익에 따라 분산투자 하라는 것입니다. 다시 말해 당신이 가진 달걀을 몽땅 한 바구니에 담지 마십시오."

이후 '달걀을 한 바구니에 담지 마라'는 문장은 투자 격언 중 가장 유명한 문구가 됐다. 이 구절이 투자 격언으로 활용되며 세르반테스가 말하고 싶었던 '하루에 모든 것을 모험하지 마라'라는 삶의 철학적 의미는 투자에서 리스크를 줄이라는 뜻으로 바뀌어버렸다. 아마도 달걀을 한 바구니에 가득 담았다가 문턱에 걸려 모두 깨진 경험이 있는 농부들이 남긴 교훈인가 보다.

여러 종목에 분산투자 하면 서로의 리스크를 상쇄하며 위험도를 낮추게 되는데 이를 포트폴리오 효과라고 한다. 헤지펀드의 대가 레이 달리오(Ray Dalio)도 "투자에서 가장 먼저 해야 할 일은 미래를 예측할 수 없는 상황을 대비해 전략적 자산배분을 하는 것"이라고 말한다. 분산과 자산배분을 투자의 가장 중요한 원칙으로 지적한 것이다.

그런데 문제는 그 바구니 전체를 한 선반에 올려놓는 일이다. 투자라는 개념에서 여러 주식을 나눠 구매하는 것은 바구니만 여러 개일 뿐, 같은 선반에 올려져 있는 것과 같다. 선반이 쓰러질 수도 있는 것 아닌가.

부동산 투자를 주식 투자처럼 하는 사람이 있다고 하자. 만약 그가 부동산에만 투자하면서 아파트, 땅, 사무실, 상업용 임대건물에 각각 전 재산을 투자해놓았다면 이건 분산투자라 할 수 없다. 선반이 무너지면 아파트도 땅도 사무실도 임대건물도 무너지기 때문이다. 전통적인 투자에는 예금, 적금, 부동산, 주식, 채권, 현물 등이 있다. 이 중에서 한 시장 안에서 이런저런 상품을 사놓고 '달걀을 한 바구니에 담지 마라'라는 격언에 따랐다고 생각하는 건 위험하다.

좋은 포트폴리오는 투자자에게 '평상심'을 유지하게 해준다. 포트폴리오 이론으로 노벨경제학상을 받은 해리 마코위츠(Harry Markowitz)는 평상심을 유지하는 것이 투자 성공의 가장 중요한 요인이라고 말한다. 그역시 채권과 주식에 50 대 50으로 분산해 투자했다고 말했다. 경제학자

메어 스탯먼(Meir Statman)이 조사한 바에 의하면 열 개 종목으로 구성된 포트폴리오는 돌발성 위험의 84%를 제거할 수 있다고 지적했다.

나 역시 주식을 10여 개의 종목으로 분산해놓고 채권, 예금, 부동산 등으로 나눠놨다. 달걀을 각 바구니에 담아 식탁, 선반, 냉장고, 책상에 나눠놓은 것이다. 물론 너무 많은 분산은 이익도 분산시켜버리기에 각 시장 안에서 개별적 공부가 필요하다. 나는 자산을 모을 때는 집중투자를 하고 자산이 자산을 만들어낼 때는 분산투자를 지킨다. 즉, 공격수로 내보내는 자산은 공격적으로 한 놈만 패는 전투적 투자를 하고 수비수로 지키는 자산은 널리 분산시킨다. 이 자산이 반드시 지켜야 할 자산이라면 몽땅 선반 위에 올려놓으면 안 된다. 천천히 차곡차곡 잃지 않고 버는 것이 가장 빨리 많이 버는 방법이다.

부자가 되는 세 가지 방법

부자가 되는 방법은 세 가지밖에 없다. 상속을 받거나, 복권에 당첨되거나, 사업에 성공하는 것이다. 부모가 부자가 아니라면 이 중에 가장 쉬운 것이 사업에 성공하는 것이다. 복권 당첨 비율은 사업 성공 비율보다 훨씬 낮다. 설령 당첨돼도 돈의 성질이 너무 나빠서 오래도록 부자로 살 확률이 거의 없다.

남은 건 사업인데 사업에 성공하는 방법은 두 가지다. 첫째는 내가 직접 창업을 하는 것이다. 창업은 피를 짜고 뼈를 깎아내는 고통을 참을 용기로 모든 것을 걸고 죽기 살기로 해야 겨우 성공할 수 있다. 성공 이후에도 이를 지키기 위해 한순간도 방심하면 안 된다. 아이디어를 찾아 회사를 설립하고 자본을 구하고 노동과 관리를 병행해야 한다. 소비자에게 인정받기란 결코 쉬운 일이 아니다. 물론 성공을 제대로 하면 내 인생에 나를 완벽하게 선물로 줄 수 있다. 평생 자기결정권을 유지하며 내가 하고 싶은 것을 할 수 있는 자유와 내가 하고 싶지 않은 것을 하지 않을 자유를 갖는다.

둘째는 남의 성공에 올라타는 것이다. 이기는 편이 내 편이다. 선두에 선 말을 타고 가다가 뒷 말이 앞서가면 재빨리 바꿔 타고 달려도 아무도 비난하지 않는다. 이 방법은 직접 창업하는 방법보다 더 안전하다. 어려서부터 시작할 수 있고 직장에 다니면서도 충분히 할 수 있다. 이미 한 분야에서 1등 기업으로 경영을 잘하고 있는 회사들이 있다. 그들은 회사의 가치를 수백만, 수천만 조각으로 나눠 그 조각 한 개를 주식이라 부르고, 그 주식을 아무나 사고팔 수 있도록 만들어놨다. 이 조각은 한 장씩도 팔고 1년 내내 언제든 구매할 수 있다. 은행이나 증권사에 방문하면 그 자리에서 바로 살 수 있는 계좌를 만들 수 있고 인터넷이나 앱으로도 가입 가능하다. 그 회사의 주식을 사기 위해 회사를 찾아가거나 연락할 필요도 없다. 금융사들이 대부분 이 거래를 대행하고 있기 때문이다.

이런 회사의 주식을 갖고 있으면 회사가 커질수록 주식 가치가 올라가고 해마다 혹은 분기마다 이익을 분배해서 나눠주기도 한다. 잘나가는 기업, 능력이 좋은 경영자를 찾아 그 회사의 주식을 사서 모으는 일은 직접 경영하는 것보다 훨씬 쉽다.

하지만 여기서부터 조심하고 노력해야 되는 일이 있다. 주식을 사서 오르면 팔 생각을 버려야 한다. 주식은 파는 것이 아니라 살 뿐이라는 생각을 가져야 한다. 내가 산 주식이 사자마자 빨리 오르면 좋은 일이 아니다. 오래 천천히 길게 올라야 한다. 그래야 내가 돈을 더 모아서 그 좋은 주식을 더 가질 수 있기 때문이다. 배당이 나오는 주식이라면 평생 팔지 않아도 된다.

만약 당신이 그 회사의 창업주고 경영자라면 그 회사 주식을 사고팔

일이 없을 것이다. 단 한 주만 갖고 있어도 당신은 사주다. 그러니 사주의 마음을 갖고 회사를 공부하고 살펴야 한다. 대표이사, 즉 회사의 사장은 주주들이 경영을 맡긴 고용자다. 그 고용인이 회사를 잘못 운영하거나 회사의 본질 가치가 훼손되지 않는 한 주식은 파는 것이 아니다. 그리고 회사의 경영자처럼 그 회사의 연간보고서, 사업보고서, 재무제표를 읽고 이해하고 그 회사가 만드는 제품에 대한 소비자의 반응과 평가에 사장처럼 똑같이 귀를 기울여야 한다.

이렇게 자세히 이야기해도 실제 행동으로 실천할 사람이 많지 않을 것이다. 좋은 회사를 어떻게 찾는지도 모르겠고 생각보다 어려운 경제 용어가 길을 막기 때문이다. 만약 독자 여러분의 연령층이 중고등학생 이상이라면 지금부터 내가 제안하는 방법을 따라서 시도해보기를 바란다.

첫째, 자신이 가장 관심 있는 분야에서 제일 잘나가는 회사를 찾는다. 해당 업계에서 시가총액이 가장 큰 회사를 고르면 된다. 분야 1등은 아주 중요하다. 1등은 대체로 망하지 않으며 시장에 위기가 생기면 대마불사(쫓기는 대마가 위태롭게 보여도 필경 살 길이 생겨 죽지 않는다는 격언)로 오히려 업계를 장악하기도 하고 가격결정권을 갖고 있다. 업계 1등 기업을 골라 자기 형편에 따라 매달 한 장 이상씩 주식을 구매하라. 구매한다는 그 자체가 중요하다.

주식을 사놓지 않고 공부하는 것과 주식을 보유한 상태에서 공부하는 것은 완전히 다르다. 사업을 바라보는 눈 자체가 달라진다. 일단 단 한 주라도 가지면 해당 기업 관련 뉴스나 업계 정보가 눈에 들어오고 경제 용어가 저절로 이해된다. 그렇게 1년간 꾸준히 모으기 바란다. 주식이 떨어져도 괜찮다. 떨어지면 싼 가격에 더 살 수 있는 것이고 올라가면 오르는 대로 좋다. 걱정할 것은 오히려 너무 빨리 오르는 것이다.

반복해서 얘기하지만 가장 빨리 부자가 되는 방법은 천천히 부자가 되는 것이다. 결과적으로 빨리 부자가 되려고 마음먹은 사람은 주변에 다른 사람만 부자가 되게 도울 뿐이다. 이렇게 5년, 10년 꾸준히 주식을 모으다 보면 점차 여러분도 사업가가 되어갈 것이다. 그 회사의 주주총회도 가서 대표직원의 사업 보고도 받고 그 회사의 로고가 박힌 수건도 하나 얻어 온다. 내 회사이니 그 회사에서 나오는 제품도 사용하고 주변에 소개도 한다. 제품 하나하나 팔릴 때마다 그중 몇백만 분의 1은 내 것이라는 마음으로 회사를 살펴라. 당신이 사주이기 때문이다.

주주는 사주다. 그렇게 기업가 마음을 가지면 업계 전체를 바라보는 눈이 생기고 산업을 이해하게 되고 국가 경제 및 국가 간의 이해 충돌 및 금융시장 전체에도 관심을 갖게 된다. 또한 이는 정치와도 연결되어 있으니 당신의 철학과 사업의 이해관계를 대변하는 정당을 골라 투표를 함으로써 사회 참여가 가능해진다.

일찍 시작할수록 더 좋다. 만약 10대나 20대부터 이렇게 산업을 보는 눈을 키워가면서 직장 생활 중에도 끊임없이 투자를 이어간다면 40세 정도면 자본이 근로소득을 앞서는 날이 올 것이다. 동료들은 그때부터 꺾이겠지만 당신은 자유를 얻는 부자가 되어 있을 것이다. 젊은 시절의 나에게 이렇게 이야기해주는 사람이 얼마나 필요했는가를 되돌아보면 아찔

하다. 그러니 당신은 오늘부터 당장 좋은 회사의 주식을 하나 사서 시작
하기 바란다.

돈을 모으지 못하는 이유

돈을 모으지 못하는 사람의 가장 많은 핑곗거리는 소득이 적어서 쓸 돈도 모자란다는 것이다. 하지만 쓸 돈이 모자라게 된 이유는 미래 소득을 가져다 현재에 써버렸기 때문이다. 이 현재가 시간이 흐르면서 과거로 쌓이며, 종국에 현재와 과거 둘 모두 책임져야 하는 상태가 돼버렸기 때문이다. 상황을 이렇게 만들어놓은 장본인은 자기 자신이다.

쓸 데는 많은데 수입은 적고 그나마 남은 돈도 투자하기엔 너무 적은 돈이라 생각해서 전혀 모으지 못하는 사람이 있다. 그러나 이런 사람은 급여가 많아도 결국 똑같은 말을 한다. 소득이 늘어난 만큼 소비도 더 많아지고 미래 소득, 즉 카드를 여전히 사용한다. 급여가 아주 많거나 사업으로 큰돈을 벌어도 여전히 똑같은 사람들이 많은 것을 보면 이건 수입 규모가 아니라 생활 태도의 문제다.

음식과 주거가 해결되지 못할 정도로 가난한 상태가 아니라면 누구든 저축을 하고 재산을 모아 투자도 해서 부자가 될 수 있다. 단언컨대 신용카드를 사용하는 사람, 물건을 부주의하게 매번 잃어버리는 사람, 작은 돈을 우습게 아는 사람, 저축을 하지 않는 사람, 투자에 대해 이해가 없는 사람은 절대 부자가 되지 못한다. 부는 그런 사람에게 우연히 들렀어도 순식간에 돌아서서 나온다.

절대로 미래 소득을 가져다 현재에 쓰면 안 된다. 신용카드를 잘라 버리고 직불카드를 사용해야 한다. 신용카드사에서 주는 포인트는 잊어 버려라. 그건 신용카드사가 그냥 선물로 주는 것이 아니다. 포인트의 핵심은 '더 사용하기'와 '포인트 수집용 구매'다. 포인트를 모은다는 장점을 이용해서 필요 없는 소비를 늘리고 포인트를 얻기 위해 구매하는 방식으로 소비자를 현혹한다. 이는 마치 달걀을 얻기 위해 암탉을 죽이는 것과 같다. 지금 당장 현금이 없어도 미래 소득으로 구매가 가능하다는 이유로 그깟 몇 프로 안 되는 포인트를 적립받기 위해 소비의 경계를 무너뜨리고 만다.

이때 가장 흔한 변명은 어차피 사야 할 물건이니 포인트를 얻으면 영리한 것 아니냐는 논리다. 그러나 이 논리가 맞다면 카드사는 포인트 적립 시스템을 이미 없애버렸을 것이다. 카드 사용을 중지하고 이번 달부터 직불카드나 현금을 사용해보면 불필요한 지출이 현저하게 줄어드는 것이 보인다. 실제로 더 많은 이익을 보게 된다. 만 원 가치의 포인트를 모으려면 100만 원의 소비가 일어나야 하고 그중에 몇십만 원은 필요 없는 지출이다. 카드 사용은 정말 어리석은 짓이다.

물건을 부주의하게 다루는 사람도 절대 부자가 되지 못한다. 물건이나 상품이 무생물이라는 생각에 함부로 다룬다. 그러나 모든 물건은 자연에서 나온 재료와 인간의 시간이 합쳐져 생겨난 생명 부산물이다. 모두 생명에서 온 것이다. 오랫동안 쓰는 물건이나 밖으로 가지고 다니는 물건에는 예쁜 스티커나 레이블 머신을 이용해 자기 이름을 붙여놓는 것이 좋다. 주인의 이름을 단 물건은 그 순간 생명을 가진다. 설령 잃어버려도 꾸역꾸역 주인을 찾아온다. 집 안에 가져올 땐 정해진 자리에 놓고 사용 후에 청소나 관리가 필요한 물건은 즉시 닦아서 손상을 막고, 가끔씩 쓰거나 계절마다 쓰는 제품은 정갈하게 포장해서 먼지가 닿지 않고 언제든 다시 쓸 수 있도록 관리해야 한다. 부(富)는 물건이라도 존중하는 사람에게 붙는다. 재물의 형태는 결국 물건이기 때문이다.

작은 돈은 큰돈의 씨앗이고 자본이 될 어린 돈이기에 씨앗을 함부로 하고 아이를 돌보지 않는 사람은 그 어떤 것도 키우지 못한다. 작은 돈을 모아 종잣돈을 마련해서 투자나 사업의 마중물을 만들어가는 것이 성공의 기초다. 기초를 다지지 않고 지은 건물을 임시가옥이라 부른다. 크게 짓지도 못하거니와 바람만 불어도 날아가버린다. 모든 투자는 작은 돈에서부터 시작된다. 작은 투자로 시작한 투자 경험이 큰 투자도 가능하게 만들어준다. 자산은 모이면 투자를 해야 한다. 투자하지 않는 돈은 죽은 돈이고, 실제로 아무것도 하지 않는 장롱 속의 돈은 인플레이션이라는 독을 먹고 서서히 죽어버린다.

투자에 대한 이해나 경험을 갖지 못한 주인에게 끌려간 돈은 홀로 죽어가거나 기회만 생기면 탈출해버릴 것이다. 지금 책을 덮고 가위를 가져다가 신용카드를 잘라라. 부자가 되는 첫걸음이다.

자신이 금융 문맹인지 알아보는 법

한국은행이 2018년『경제금융용어 700선』이라는 책자를 발행했다. 국민에게 올바른 경제 개념을 알리고 금융 이해도를 높이려는 의도였다. 결과적으로 경제에 관한 합리적인 의사결정을 도우려는 것이다. 해당 파일은 한국은행 사이트에 가면 무료로 다운로드 받을 수 있다. 이런 용어는 실제 경제활동을 하며 사는 모든 현대인이 반드시 배워야 하는 것이다. 나는 이 교육이 고등학교 정규 과목에 편입되어야 한다고 믿는다.

예전에는 시골에 살던 노인들 중에 어떤 분들은 글을 읽지 못해 아들에게서 오는 편지를 집배원이 읽어드리곤 했다. 글을 모르는 중세시대 유럽인은 성직자가 읽어주는 성경의 해석과 가르침을 따를 수밖에 없었다. 책을 볼 수 없으니 신과 직접 교류할 수 있는 방법을 몰랐기 때문이다. 글을 모르는 문맹은 서럽고 가난한 삶을 살게 된다. 컴퓨터 문맹도 마찬가지다. 현재 컴퓨터나 스마트폰 사용법을 모르면 그 어디에서도 일자리를 구할 수 없다. 배달 일도 구하지 못한다. 배달 기사들은 몇 개의 스마트폰을 동시에 쳐다보며 업무를 처리한다. 이동은 일의 한 부분일 뿐이다. 스마트폰 사용법을 모르면 정보 세계인 지금 세상에서 낮은 하층민으로 살 수밖에 없다. 요즘은 스님도 카톡을 하고, 목사님도 페이스북을 해야 신도들과 교류가 가능하기 때문이다.

글을 모르는 문맹이나 컴맹 외에 금융 문맹도 마찬가지다. 금융 지식은 생존에 관련된 문제다. 앨런 그린스펀(Alan Greenspan)은 "글을 모르는 문맹은 생활을 불편하게 하지만 금융 문맹은 생존을 불가능하게 만들기 때문에 더 무섭다"라고 말하기도 했다. 금맹(금융 문맹)인 사람은 자산을 지키고 늘리는 데 있어 무너진 성벽을 지키는 성주와 같은 신세다. 내 재산을 남들이 가져가려 해도 지키지 못하고 뺏어가도 뺏어간 줄도 모른다. 재산을 모으려 해도 내 가치와 상대의 가치를 모르니 매번 터무니없는 값을 지불하거나 헐값에 넘기기 일쑤다. 그래서 실제 생활에서는 문맹이나 컴맹보다 더 비참한 삶을 벗어나지 못하기도 한다. 자신의 성벽을 쌓아 남들로부터 재산을 보호하고 자산을 성 안에 모아두는 모든 금융활동은 이런 용어를 이해하는 데서 시작된다.

우리나라 성인의 금융 이해도를 조사해보면 OECD 평균보다 낮다. 연령대별 이해도를 살펴보면 30대가 가장 높고 그다음으로 40대, 50대, 20대, 60대, 70대 순으로 나타난다. 월 소득 250만 원 이하 사람들의 금융 이해도는 58점인 데 반해 250만 원 이상 420만 원 이하는 63점이며 그 이상의 소득자는 66점 정도다. 20대와 60~70대가 금융 사기에 가장 취약하고 투자 위험에 많이 노출되는 것도 낮은 금융 이해력에 기인한다. 수입이 많을수록 금융 지식이 늘기도 하지만 금융 지식이 많아야 소득도 늘고 재산을 지킬 수 있기에 금융 이해력 자체가 대단한 삶의 도구라고 볼 수 있다. 남녀노소를 불문하고 금융 지식이 부족하면 잘못된 투자나 금융 결정을 하기 쉬우며, 이런 결정은 결국 스스로를 신용불량자나 빈곤층으로 전락하게 해 사회 전체의 문제가 된다.

여기에 한국은행이 국민이 알면 도움이 되겠다고 생각한 용어 중에서 90여 개만 추려보았다. 이 중에 80% 이상을 이해하고 설명할 수 있다면 당신은 거의 완벽한 성벽을 갖춘 성주다. 만약 50~80% 사이라면 긍정적이나, 여전히 공부를 조금 더 하고 투자를 해야 한다. 만약 아는 용어가 50개 이하고 그동안 아무런 관심이 없었다면 모든 공부를 중단하고 이 용어부터 공부해야 한다. 하루가 급하다. 성벽 밖으로 당신 돈이 매일매일 쏟아져 내리고 있다. 아무리 열심히 일하고 아무리 성실하게 보초를 서도 아무 의미 없다. 당신의 노동과 재산은 맥없이 사라져버릴 것이다. 다음 용어를 잘 읽어보고 내용을 이해하고 남에게 설명할 만한 것에 표시해보기 바란다.

가산금리, 경기동향지수, 경상수지, 고용률, 고정금리, 고통지수, 골디락스경제, 공공재, 공급탄력성, 공매도, 국가신용등급, 국채, 금본위제, 금산분리, 기업공개, 기준금리, 기축통화, 기회비용, 낙수효과, 단기금융시장, 대외의존도, 대체재, 더블딥, 디커플링, 디플레이션, 레버리지 효과, 만기수익률, 마이크로 크레디트, 매몰비용, 명목금리, 무디스, 물가지수, 뮤추얼펀드, 뱅크런, 베블런효과, 변동금리, 보호무역주의, 본원통화, 부가가치, 부채담보부증권(CDO), 부채비율, 분수효과, 빅맥지수, 상장지수

펀드(ETF), 서킷브레이커, 선물거래, 소득주도성장, 수요탄력성, 스왑, 스톡옵션, 시뇨리지, 신용경색, 신주인수권부사채(BW), 실질임금, 애그플레이션, 양도성예금증서, 양적완화정책, 어음관리계좌(CMA), 연방준비제도(FRS)/연방준비은행(FRB), 엥겔의 법칙, 역모기지론, 예대율, 옵션, 외환보유액, 워크아웃, 원금리스크 , 유동성, 이중통화채, 자기자본비율, 자발적실업, 장단기금리차, 장외시장, 전환사채, 정크본드, 제로금리정책, 주가수익률(PER), 주가지수, 조세부담률, 주당순이익(EPS), 중앙은행, 증거금, 지주회사, 추심, 치킨게임, 카르텔, 콜옵션, 통화스왑, 투자은행, 특수목적기구(SPV), 파생금융상품, 평가절하, 표면금리, 한계비용, 헤지펀드, 환율조작국, M&A.

수학을 공부하기 위해서는 사칙연산을 배우는 것이 시작이다. 사칙연산을 더 쉽게 이해하기 위해 구구단을 외운다. 영어를 배우기 위해서도 알파벳을 알아야 한다. 대문자와 소문자 모두 외워야 한다. 이것은 학문의 시작이다. 우리는 금융이나 경제를 아무에게도 배울 수 없다. 어느 나라 어느 학교에서도 실제적인 경제 교육을 시키지 않는다. 이유는 간단하다. 굳이 가르칠 이유가 없어서다.

마치 예전에 노예나 노비에게 글을 가르치지 않던 이유와 같다. 글을 배우면 생각이 깊어지고 기억을 정리할 수 있고 문서가 보이기 때문에 다스리는 사람들에겐 아래 사람들이 글을 배우는 것이 달가울 리 없다. 경제 지식도 마찬가지다. 경제적 지식이 많은 사람은 자산가들의 위치를 위협한다. 온갖 투자 계약이 노출되고 주식거래나 은행거래에서 우위에 설수 없게 된다. 그러나 나는 한국의 중산층이 두터워질수록 국가의 안전망이 확대되며 건전한 사회로 발전한다고 믿는다. 나는 부자가 되고 남들은 가난하면 좋을 것 같지만 그런 나라는 정치와 사회 안전망이 무너져 결국 그 위험을 상위 그룹 사람들이 떠안게 된다. 그러므로 가장 좋은 나라는 중산층이 든든해서 누구나 열심히 노력하면 중산층이 될 수 있고 더 큰 부자가 많이 나타나는 나라다.

그러기 위해서 첫 번째로 해야 할 일은 고등학교 때부터 실물경제 교육을 시키고 경제 용어를 가르치는 일이다. 교과 과정을 통해 용어만 가르쳐도 수많은 부자가 나올 수 있다. 현재 학교에서 배우는 것 중에 경제 활동에 도움이 될 만한 교육은 회계학이 유일할 정도다. 경제학은 개인 경제생활에 전혀 도움이 되지 않는다. 경제 용어만 공부해도 젊은이들이 함부로 부채를 만들지 않을 것이며 수입의 일부를 주식이나 채권에 투자하면서 기업가 정신을 배우고 재산의 형성 과정에 참여해나가며 자긍심 가득한 존경받는 부자가 될 것이다.

나는 한국의 모든 국민이 위에 열거된 용어를 이해하는 나라가 되면 얼마나 멋질까 상상하며 웃는다. 기자들이 함부로 경제를 핑계 삼아 정치적 편향 기사를 쓰지 못하니 엉뚱하게 집을 사거나 폭락장에 바가지를 씌우지도 못할 것이다.

모든 배움의 시작은 용어 이해부터다. 금융 용어를 온 국민이 이해하면 어떤 정치가도 국민을 함부로 하지 못하며 부도덕한 사업가가 설 자리는 점점 줄어들 것이다. 금융 지식은 생존에 관련된 문제다. 고등학교 교과 과목에 금융 교육이라는 과목이 생겨 은퇴한 은행, 금융권 지점장들이 모두 선생님이 되는 날을 상상해본다.

주식으로 수익을 내는 사람들의
세 가지 특징

주식으로 수익을 내는 사람보다 손해를 보는 사람이 더 많아 보인다. 아마 사실일 것이다. 모든 자산 시장에서 패자가 승자보다 많은 건 보편적 특징이다. 그렇기 때문에 부자는 적고 가난한 사람은 많다. 특히 주식 시장에서 패자가 많은 이유는 시장 진입이 자유롭고 적은 금액으로도 투자가 가능한 까닭이다.

사람들은 해마다 불경기라지만 2020년 3월 폭락장에 한국 증권사에 주식을 매수하기 위한 예탁금은 최근 20년 사이 사상 최고의 규모였다. 2월 말에 31조 원 정도 들어와 있던 것이 3월 말에 41조 원이 되며 10조 원 이상 늘어났다. 한국 연간 총예산의 10%에 육박하며 서울 아파트 평균 가격 8억 2,000만 원 기준으로 5,000채나 살 수 있는 돈이다. 한국인 평균가구 자산이 4억 원 정도인데 평균가구 10만 가구의 전 재산과 맞먹는 규모의 돈이 주식을 사겠다고 대기 중이란 뜻이다.

그러나 이 자본들이 모두 수익을 내고 나가지는 못한다. 그들 중에 많은 사람은 손실을 볼 것이고 일부만이 많은 수익을 만들어낼 것이다.

이들 중 손실을 보는 사람들의 특징은 다음과 같다.

첫째, 그냥 따라 들어왔다. 둘째, 무엇을 살지 계획이 없다. 셋째, 돈의 힘이 약하다. 참 이상한 건 재산을 모을 때는 자식같이 아끼고 살피며 모으면서 투자할 때는 가이드 단체 관광이라도 간 것처럼 따라 다닌다는 점이다. 피같이 벌어서 물같이 쓰는 셈 아닌가.

남들이 주식시장에 100년 만에 온 기회라니까 단숨에 있는 돈 없는 돈 다 모아서 한시가 급하게 덜렁 보내놓고 본다. 불과 한 달 전만 해도 전혀 생각지도 않았던 주식에 겁 없이 거액을 들여보낸 것이다. 그럼에도 계획도 없고 공부도 없다. 경제 방송에서 '배당주'에 '국민주'라는 소리 들은 것이 전부인데 그 말에 전 재산을 집어넣으려고 하루 이틀도 못 기다리고 안달이다. 남의 집 개 사료 고르는 것보다 성의 없다. 그렇게 하루 만에 혹은 한두 시간 만에 종목을 결정하는 사람이라면 누군가 한두 마디 하면 바로 나올 것이다. 이런 사람은 조금만 가격이 올라도 1년 치 은행 이자를 벌었다며 좋아하다가 그 주식이 더 올라가면 기다리다 마지못해 따라붙지만 다시 조금만 내려와도 무서워서 손해를 보고 나온다. 애초의 마음은 판 가격보다 떨어지면 사겠다는 심사지만 막상 떨어지면 사지도 못한다.

이런 사람은 투자는 물론이고 투기도 못 하고 그냥 증권사 수수료나 주고 거래량 늘리는 역힐이나 하다가 슬금슬금 통장에서 돈이 아이스크림처럼 녹는 걸 보게 된다. 더구나 모아온 돈에 다음 달 대학 등록금이나 내년 결혼자금같이 시간에 여유가 없는 돈이 섞여 있다. 빌린 돈으로 주식을 하는가 하면 심지어 두세 배의 레버리지를 써서 상품을 사기도 한다. 목 뒤에 칼을 든 협박범과 같이 일하는 것이다. 이런 돈이 섞여 있으면 멀쩡한 돈도 같이 상해버린다.

고구마 상자 안에 썩은 고구마 하나만 있어도 냄새가 나듯 상자 안의 모든 고구마가 걱정이 된다. 그러니 자칭 주변 전문가들에게 "저항선에서 기술적 반등이 일어날 것 같은가?", "내일 주식이 오를 것 같은가?"라는 바보 같은 질문을 하고, 바보 같은 대답을 듣는다. 급하기 때문이다.

그러나 주식시장을 이렇게 상대하는 사람은 결코 주식에서 돈을 벌수 없다. 설령 우연히 돈을 벌었어도 그 돈은 다시 주식으로 들어와 결국 원금과 함께 사라져버린다. 주식시장은 자신을 도박장으로 만드는 사람에게는 냉혹한 벌을 내려 재산을 몰수해버린다. 주식시장에서는 주식과 그 주식이 거래되는 이유를 명확히 알고 있는 사람이 장기적으로 돈을 번다. 이들은 시장의 기능을 잘 이해하고 있는 사람이다. 주식을 발행하는 이유는 회사를 만드는 데 혼자서 자금을 마련하지 못하니 여러 사람이 나눠서 투자금을 모으기 위함이고, 주식은 그 투자 금액에 따라 배분하겠다는 약속의 증서다.

처음엔 이 증서가 단순한 분배 가치를 정한 종이일 뿐이지만 중간에 이 종이에 적힌 권리를 사고팔려는 사람들이 생겨난다. 사고파는 사람이 많아지자 한곳에서 정해진 시간에 거래할 수 있도록 만든 게 증권거래소다(첫 증권거래소: 1602년 네덜란드 동인도 회사(Verenigde Oostindische Compagnie, VOC)*. 즉,

---

*가 인쇄된 주식과 채권을 거래할 목적으로 암스테르담에 세움

공동투자로 회사를 만들고 주식을 배분받고 회사에 대한 성장 기대가 각기 다른 사람들이 중간에 이 권리를 사고파는 것이다. 따라서 주식 투자에서 성공하는 사람들은 크게 세 가지 특징을 갖고 있다.

첫째, 자신을 경영자로 생각한다. 투자금을 모아 함께 회사를 만든다고 생각하기에 회사의 본질을 잘 이해하려 든다. 무슨 회사인지 무엇을 할 것인지, 어떻게 운영하는지 잘 이해하고 있다. 회계장부와 연간 보고서를 꼼꼼히 살핀다. 경영자와 같은 마음으로 시장에서의 회사 역할을 이해한다. 이렇게 자신만의 회사를 머릿속에 만들어놓으면 다른 사람들의 평가나 걱정에 마음이 흔들리지 않는다. 만약 내가 회사를 직접 경영하고 있는 사장이라면, 주변 사람들의 소문이나 전문가의 견해를 듣고 자신의 회사를 팔거나 그만두지 않을 것이다. 투자도 같은 태도를 유지한다. 들어갈 때도 자신만의 판단을 믿고 들어가고, 떠날 때도 자신의 판단을 따라 떠날 것이니 가격 변동에 따라 쓸데없이 들락거리지도 않는다. 과일이 익으려면 시간이 지나야 한다는 것을 알기 때문이다.

둘째, 보유하고 있는 돈이 품질이 좋은 돈이다. 성공하는 사람들의 자금은 돌같이 단단하고 무겁다. 이 돈은 당장 어디로 갈 생각도 없고 오랫동안 그 자리를 차지하고 있어도 편안하다. 오히려 배당이라는 식사만 제공하면 평생 자리 잡고 살 생각도 하는 돈만 모여 있다. 당연히 결속력이 강하고 텃세나 위협에 굴복하지 않는다. 그 돈은 앉은자리에서 주인 행세를 하기도 한다. 이익이 생길 때까지 언제든 느긋하게 기다릴 줄 안다.

셋째, 싸게 살 때까지 기다린다. 진정한 투자는 팔 때를 잘 아는 것이 아니라 살 때를 잘 아는 것이다. 살 때 싸게 사면 파는 건 한결 쉬워진다. 싸게 사는 것은 어려운 일이다. 더구나 좋은 주식을 싸게 사는 것은 쉽지 않다. 그래서 크게 성공할 회사를 아직 크지 않았을 때부터 골라 오래 기다리는 인내와, 폭락장에서 한꺼번에 가격이 내려간 주식을 공포 속에서 사 모으는 용기를 가져야 한다. 공포가 퍼져 있을 때는 훌륭한 주식도 헐값에 살 수 있다. 이들에게 폭락이나 불경기는 오히려 호경기인 셈이다. 이런 투자자들은 평생 주식시장에서 그 과실을 얻는다.

가만히 생각해보면 세상의 거의 모든 기업이 주식회사 형태로 움직이고 해마다 성장을 해왔다. 그런데 왜 사람들은 주식시장을 합법적 도박장 정도로 생각하거나 제로섬게임장으로 여길까? 그동안 당신이 주식에서 돈을 잃기만 했거나 별 재미를 못 봤다면 성공하는 사람들의 세 가지 특징 중에 단 한 가지라도 해당하는 부분이 있는지 스스로에게 물어보기를 바란다. 아마도 없을 것이다. 이런 사람들은 성공하는 사람들과 똑같은 가격에 똑같은 주식을 사도 결국 돈을 잃는다. 그래서 진정한 투자자는 친척이나 친구에게도 투자를 권하거나 의견을 말하지 않는다. 어차피 나올 때는 같이 나오지 않을 것이라는 것을 알고 있기 때문이다.

결국 주식 투자는 온전한 자기 자본으로 자기 스스로를 믿는 사람들이 그 결실을 가져가는 시장이다.

얼마나 벌어야 정말 부자인가?

보통 국제적인 기준에서 백만장자란 100만 달러(10억 원) 이상의 금융 자산을 가진 사람을 가리킨다. KB금융지주 경영연구소가 발표한 '2019 한국 부자 보고서'에 따르면 10억 원 이상의 금융자산을 보유한 부자는 32만 3,000명으로 전 국민의 0.63%에 해당한다. 자산 구성을 보면 부동산 53.7%와 금융자산 39.9%로 구성되어 있다.

이 비율을 일반인들의 자산 구성인 부동산 76.6%, 금융자산 18.9%와 비교하면 부자의 금융자산 비중이 두 배 정도 높은 것을 알 수 있다. 이들이 '나는 부자다'라고 생각하는 '부자의 기준'에서 빈도가 가장 높았던 금액은 50억 원(27.7%) 이상이었다. 총자산이 30억 원 미만인 경우에도 70%가 자신을 부자라고 생각하지 않는다. 일반국민 시각에서는 25억 원 이상 재산을 가지면 부자지만 정작 부자들은 100억 원을 넘어야 부자라 생각한다. 80억 원 이상을 가진 사람들도 20%는 스스로를 부자라 생각하지 않는다. 부는 아주 상대적인 기준이라 한국 부자들의 절반은 자신을 부자라 생각하지 않는 것이다.

이들 한국 부자들은 사업소득(47%)과 부동산 투자(21.5%)로 부자가 된 사람이 대부분이다. 이들은 사업에서 돈을 벌어 부동산에 잉여자본을 투자해왔고 월 500만 원 정도를 저축하며 산다. 이들이 부를 늘리는 수단은 저축이다. 저축을 통해 평균 12년 정도를 모아 종잣돈 5억 원 정도의 투자자금을 만든다. 이 정도 돈을 만든 평균 나이가 44세다. 이 돈은 주로 부동산(61.6%)과 금융자산(35.1%)에 투자되지만, 자산 운용의 핵심 목적은 주로 현상 유지다. 지킨다는 것이 쉽지 않다는 것을 알기 때문이다.

그러나 내가 생각하는 일반적인 부자의 기준은 다음 세 가지다. 첫째는 융자가 없는 본인 소유의 집이고, 둘째는 한국 가구 월평균 소득 541만 1,583원을 넘는 비근로 소득이다. 강남에 수십억짜리 아파트에 살고 있고 억대 연봉자라도 융자가 있고 본인이 일을 해서 버는 수입이 전부라면 부자라 말할 수 없다. 어떤 경제적 문제가 발생하거나 신체적 상해가 생겨도 살고 있는 집이 있고 평균 소득 이상의 수입이 보장된 사람이 부자다. 500만 원 이상의 비근로 소득이 있으려면 20억 원이 넘는 자산이 부동산이나 금융자산에 투자되어 있어야 한다. 마지막 세 번째는 더 이상 돈을 벌지 않아도 되는 욕망 억제능력 소유자다. 세 번째 조건을 충족하려면 한 인간이 자기 삶의 주체적 주인이 되어야 한다.

부는 상대적 비교다. 50억 원을 가졌든 100억 원을 가졌든 스스로를 상대 비교하면 여전히 부자가 아니라고 생각하는 것이 사람이다. 100억 원을 가졌어도 200억 가진 사람 앞에 서면 초라하고 1,000억 원을 가진 사람에게 비굴해질 수 있다.

이런 사람은 아무리 벌어도 항상 가난하다. 수조 원의 재산을 가져도 빌 게이츠(Bill Gates)나 제프 베조스(Jeff Bezos) 앞에 서면 초라하게 느낄 것이다. 스스로의 삶에 철학과 자존감을 가져야 비교하지 않을 수 있다. 돈이 있으니 언제든 명품을 살 수도 있지만 굳이 사지 않아도 되는 상태다. 내 부를 자랑한들 자존감이 느는 것도 아니니 고급 시계나 가방이 굳이 필요하지도 않다. 좋은 집, 비싼 차, 명품, 호화로운 음식을 계속 가져야 만족이 느는 상태라면 평생 나보다 더 부자는 만나지 말고 살아야 한다.

결국 더 이상 일하지 않아도 되는 상황을 만들어내는 것이 부자가 되는 첫걸음이다. 시골의 작은 집에 살아도 자기 집이 있고 비근로 소득이 동네 평균보다 높고 그 수입에 만족하면 이미 부자다. 더 이상 일하지 않아도 될 정도라는 의미는 두 가지다. 내 몸이 노동에서 자유롭게 벗어나도 수입이 나오고 내 정신과 생각이 자유로워서 남과 비교할 필요가 없는 것을 말한다. 즉, 육체와 정신 둘 다에서 자유를 얻은 사람이 부자다.

내 경험상 현실적인 실제 부자가 되면 자신이 얼마의 돈을 갖고 있는지 모르는 순간이 온다. 투자된 자산이나 회사의 가치가 측정 불가능해져서 자신의 자산 규모를 알려면 남들의 도움을 받아야 하고 통장에 얼마가 있는지도 알 수 없다. 현금성 자산도 매분, 매시간 주가에 따라 변동되니 점심 먹는 사이에 집 한 채가 사라졌다 생겼다 한다. 누구와 비교가 불가능한 상황이 오는 것이다. 그래서 나는 내 재산이 지금 얼마인지 아는 사람은 사실 산술적인 부자가 아니라고 생각한다.

따라서 부자란 금액에 따른 기준으로 잡을 수 없다. 부자는 더 이상 돈을 벌 필요가 없어진 사람이기 때문이다.

내가 재산을 지키기 위해 매일 하는 일

나는 더 이상 회사에 정기적으로 출근하지 않는다. 소유하거나 지분을 가진 여러 회사를 이사회를 통해 관여 혹은 관리하므로 이사회 모임이 아니면 자택에서 근무한다. 나와 함께 일하는 사장 몇 명 외엔 내 지시를 직접 받는 직원은 한국과 미국에 한 명씩 상주하는 집행비서 두 명뿐이다. 그 외에 변호사, 회계사, 재정관리사, 주거래 은행의 재무팀장 정도와 일상적으로 상의해가며 일을 한다.

나는 내용이 장황하고 자세한 보고서는 보고서를 위한 보고서라 생각해서 각각의 사장들에게 일주일에 한 번 200자 내외로 간단히 문자 보고를 하게 한다. 모이거나 만나는 일도 거의 없다. 사장이 매번 자신의 결정을 내게 묻는다면 무능하거나 자격이 없다고 생각한다. 내가 개별 사업에 관여하는 것은 세 가지 경우뿐이다. 증자가 요청되거나 다른 사업 군으로 진입하고자 할 때, 그리고 사장단의 선임이나 해임의 경우다.

이 세 가지 경우가 아니면 굳이 참여할 이유도 없고, 참여하고 싶지도 않다. 따라서 나는 사업 규모에 비해 싱딩히 많은 사유가 확보된 상태다. 그러나 아내는 내가 안식년에는 일을 하지 않겠다고 해놓고 여전히 하루

종일 일을 한단다. 그래서 내가 무얼 하는지 가만히 적어보았다.

먼저 아침에 일어나면 이메일부터 확인한다. 네 개의 이메일 계정이 있는데 모두 들어가서 업무상 요청이나 결제라면 그 즉시 가부를 결정해준다. 모든 이메일 수신함에 필요 없는 메일이나 광고성 자료들은 즉시 삭제해버린다. 메일함도 책상이나 서랍처럼 지저분하게 널려 있는 것을 보지 못한다. 모든 메일은 다 읽고 바로 버리거나 대답을 해주고 제자들이나 팬레터 같은 메일은 모아놨다가 한두 달에 한 번씩 답변이나 응답을 해준다. 이런 메일들은 바로 처리하면 또다시 메일이 날아온다. 결국 채팅하듯 늘어나 감당이 되지 않기에 얻은 지혜다.

메일 확인이 끝나면 사이트로 들어가 신문을 읽는다. 순서는 다음과 같다. 이 순서가 의미 있는 것은 아니나 관점을 늘려가다 보니 순서가 되어버렸다. 먼저 〈뉴욕타임스〉 지를 시작으로 〈워싱턴포스트〉, 〈월스트리트 저널〉, 〈CNN〉, 〈FOX NEWS〉 순서로 미국 주요 신문과 뉴스채널을 보고 영국의 〈파이낸셜 타임스〉, 〈더 타임스〉, 〈로이터 통신〉 그리고 〈EIN WORLD NEWS REPORT〉를 통해 러시아 소식을 훑어보고 일본으로 와서 〈아사히신문〉, 〈요미우리〉, 〈일본경제신문〉을 본다. 마지막으로 YAHOO 재팬의 홈페이지를 둘러본다. 이제 일본에서 나와 중국의 〈글로벌 타임스〉, 〈인민일보〉를 본 후 가끔은 중동의 〈요르단 타임스〉 지를 찾아가고 다시 유럽으로 넘어가 프랑스의 〈르몽드〉 지와 〈르피가로〉 지를 둘러보고 독일의 〈슈피겔〉, 〈디벨트〉, 〈프랑크푸르트 알게 마이너〉 지를 찾아본다.

이렇게 세상을 한 바퀴 돌고 와서 휴스턴 로컬 신문인 〈휴스턴 크로니클〉을 보고 난 후에 한국 신문 몇 개를 들여다보는 것으로 매일 세상 구경을 하고 있다. 신문을 볼 때면 항상 한 개 이상을 보려고 노력한다. 신문은 다들 자기들의 논조나 정치 성향이 있어서 사실을 보는 시각이 다르고 관심사가 달라서 한곳만 들여다보면 편향성이 생길 수 있기 때문이다. 요즘은 구글이나 파파고의 번역이 매끄러워서 어떤 언어라도 대충 무슨 이야기인지 알 수 있다. 전 세계 신문사 순례가 끝나면 이제 경제 사이트로 옮겨간다.

경제 사이트를 보는 일은 사실 순서대로 되지 않는다. 투자한 회사나 지분을 가진 회사 소식이 나오면 다시 이곳저곳 기사를 찾아봐야 하기 때문이다. 제일 먼저 들르는 곳은 Yahoo Finance다. 이곳은 일반적인 투자 정보가 많아 야후에서 가장 인기 있는 부분 중에 하나다. CNBC, Bloomberg, Marker Screener를 들려 CNN Business에 숨겨져 있는 Fear & Greed Index를 확인하고 미국 달러 인덱스 차트를 본 후 런던브렌트 오일 가격을 확인하고 investing.com, dividend.com, finviz.com 사이트를 들른 후, 미연방준비제도 이사회 사이트에 새로운 소식이 없는지 확인차 가보고 궁금한 재무제표가 있으면 marketbeat.com으로 가고 기관 투자자의 동향이 궁금하면 whalewisdom.com으로 간다. tipranks.com와 seekingalpha.com 등에서는 개별 주식에 대한 조사도 하고 하워드 막스가 운영하는 oaktreecapital.com에 들러 히워드의 메모가 있는지도 살핀다. barrons.com을 마지막으로 한국으로 가서 한경컨센서스에 올라온 자료나 팍스넷, 네이버금융 순으로 돌면 하루의 주요 업무 준비가 끝난 것이다.

여기까지 오는 데 두 시간 남짓 걸린다. 지금부턴 조금 여유롭게 커피를 한잔 내려 마시고 나머지 사이트들을 들를 차례다. 거의 매일 가는 사이트는 loopnet.com이다. 미국 최대 상업용 부동산 매물 사이트다. 나는 이곳에서 내가 관심 있는 도시에 나온 모든 매물을 매일 확인한다. 특별히 내가 살고 있거나 거주지가 있는 휴스턴, LA, 뉴욕은 모든 매물을 기억하고 추적하고 확인한다. 부동산을 1년에 한두 차례 사는데 이렇게 끊임없이 들여다봐야 가격 변동의 추이를 알 수 있다. 부동산은 주식과 달리 가격 형성 과정이 불분명해서 이렇게 끊임없이 비교 추적해야 감이 생긴다.

이제야 개인적 취미 관심사 사이트로 옮겨간다. 미국과 한국의 유머 사이트 한 개씩, 박람회 사이트, 아마존, 넷플렉스, 한국 서점 사이트, 페이스북, 인스타 등을 둘러보는 것으로 오전 일이 끝난다. 이 일을 매일 하고 있다. 이렇게 얻는 정보나 자료를 바탕으로 사업 방향을 정하거나 투자를 정한다. 이런 곳을 매일 다니다가 더 궁금하거나 관련 도서가 보이면 바로 주문해서 읽고 정리한다. 무엇이든 자료화한다. 인쇄를 하고 폴더에 넣는다. 보유주식 정보, 부동산 매물정보, 연간보고서, 일반주식 정보 등으로 제대로 인쇄된 스티커를 만들어 폴더에 붙인다. 그리고 항목에 맞게 잘 구분해서 의자 뒤 눈에 띄는 곳에 보관한다.

나는 정보를 모으고 구분하고 이해하는 데 많은 시간을 보낸다. 공부와 정보수집을 게을리할 수 없다. 유튜브를 통해 젊은 선생들의 강연을 듣고 관록 있는 전문가의 의견에 귀를 기울인다. 자산을 벌고 모으고 관리하는 것에 있어서 나는 누구도 믿지 않는다. 유일하게 나를 믿을 뿐이다. 그러기 위해서 여러 사람들의 지혜와 정보를 끊임없이 구걸하는 것이다. 아마 이 아침 행사를 며칠 안 한다고 내가 망하지는 않을 것이다. 어쩌면 한두 달 안 해도 괜찮을지 모르겠다. 하지만 반년 혹은 1년을 공부하지 않거나 무시하면 점점 투자 세계에서 밀려나고 판단이 흐려지고 순식간에 후퇴하거나 어느 날 갑자기 몰락할 수 있다. 책상에 다리를 올리고 늘어진 자세로 있거나 책상 밑에 누워 있는 개에게 발가락을 빨리고 있어도 아침 수업은 매일 이루어지고 있다.

아내 말이 맞다. 내가 일을 계속하긴 하고 있었다.

가난은 생각보다 훨씬 더 잔인하다

현대인들은 삶의 가치를 부의 축적보다 중요시 여긴다. 나 역시 삶의 가치가 부의 축적보다 중요하다고 생각한다. 그러나 이 말을 하는 사람들의 진의는 항상 검증을 받아야 한다. 사람들이 이런 말을 하는 것은 대개 다음 세 가지 이유에서다. 첫째, 무엇이 삶의 가치인가에 대한 기준이 모호하다. 둘째, 가난이 얼마나 무서운지 모른다. 셋째, 자신이 부자가 되리라는 자신이 없다.

많은 사람이 돈보다는 자유를 원한다고 말한다. 삶의 가치를 유지하기 위해 자유가 필요하기 때문이다. 하지만 현대 경제사회의 틀 안에서는 자유를 얻으려면 막대한 돈이 필요하다. 안정된 직장으로는 부족하다. 사업체는 수시로 변하고 어떤 대기업도 5년 앞을 내다보지 못한다. 삶의 가치를 유지한다는 것은 지금 이 순간뿐만 아니라 내 인생 전체에 걸쳐 이뤄져야 한다. 그러므로 현재를 활용해 내 남은 미래 전체에 자원을 분배해야 하는 책임이 나에게 있다.

또한 나는 부족함 없고 검소함에 만족해도 가족, 배우자, 자식의 삶의 가치는 다를 수 있다. 내 삶의 가치를 다른 가족에게 강요해서는 안 된다.

그들의 삶의 가치는 풍요와 쇼핑과 좋은 음식에서 올 수도 있다. 부양의 책임이 있다면 이런 가족의 욕구 또한 무시해서는 안 된다.

가난을 겪어보지 않은 사람은 가난이 얼마나 무서운지 짐작도 못한다. 마음의 가난은 명상과 독서로 보충할 수 있지만 경제적 가난은 모든 선한 의지를 거두어가고 마지막 한 방울 남은 자존감마저 앗아간다. 빈곤은 예의도 품위도 없다. 음식을 굶을 정도가 되거나 거처가 사라지면 인간의 존엄을 지킬 방법이 없다. 빚을 지는 일이라도 생기면 하루는 한 달처럼 길고 한 달은 하루처럼 짧아진다. 매일매일 배는 고픈데 빚 갚는 날은 매달 날아오기 때문이다.

또한 가난은 가족의 근간을 해체시킬 수 있다. 가난이 길어지면 오히려 탐욕이 생기며 울분이 쌓이고 몸에 화가 생기며 건강을 해치게 된다. 삶이 어려워진 사람은 마음의 여유와 평정을 유지하기가 힘들다. 객관적인 시각을 갖기 힘들고 쉽게 상처를 받고 불평과 원망이 늘어나면서 인간관계가 부서진다. "가난은 낭만이나 겸손함이라는 단어로 덮어놓기엔 너무나도 무서운 일이다. 가난하게 태어난 건 죄가 아니지만 가난하게 죽는 것은 나의 잘못이다"라고 빌 게이츠는 말했다.

부자가 되는 방법의 시작은 자신이 부자가 될 수 있다고 믿는 것이다. 어떤 부자를 경멸할 수는 있어도 부를 경멸해서는 안 된다. 물론 자신이 부자가 될 수 있다고 믿는다고 반드시 부자가 되는 것은 아니다. 그러나 나는 부자가 될 수 없다고 생각하는 사람은 절대 부자가 될 수 없고, 부자가 될 수 있다고 믿는 사람 중에서 부자가 나온다고 믿는다.

그 믿음이 실행하게 하고 고민하게 하고 도전하게 만들어주며 길을 만들기 때문이다. 실행해야 하니 저축하게 되고 고민하다 보면 공부하게 되고 도전하려다 보니 누구보다 열심히 일하게 된다. 사실 천만장자, 억만장자 같은 부자는 노력만 가지고는 안 된다. 타고난 재주와 시대적 환경, 그리고 운이 함께할 때 생기는 일이다. 그러나 백만장자까지는 누구나 노력으로 갈 수 있다. 성실하고 절제하고 끊임없이 노력하면 빠르면 40대, 늦어도 50대엔 백만장자로 살 수 있다. 가난이 생각보다 잔인하듯이 부자의 삶은 생각보다 훨씬 행복하다.

금융 공황 발생에 따른
세 가지 인간상

상승장(bull market)이 계속 이어지다 보면 뒤늦게 탐욕에 가담하는 사람들이 몰려들면서 시장의 실제 가치와 상관없이 주식이 계속 오른다. '묻지마 구매 시장'인 오버슈팅(overshooting)이 일어난다. 그러나 상황이 지속되다 보면 반드시 거품이 빠지는 폭락장이 형성된다. 이 시기는 반드시 온다. 그저 자연의 원리다.

단지 언제인지 모를 뿐이다. 잎새가 떨어지고 가을이 지나면 겨울이 온다는 것은 알지만 아무도 이번 겨울은 오지 않을 거라고 생각하는 것과 같다. 그러나 어느 날 갑자기 아무런 예고 없이 폭설이 쏟아지듯 동시에 투매하는 언더슈팅(under shooting)이 일어나면서 주가가 큰 폭으로 하락하고 베어마켓(약세장)으로 접어들게 된다.

대개 이런 대규모 폭락장은 10여 년 만에 한 번 꼴로 찾아온다. 그런데 막상 발생하고 나서야 왜 이런 일이 일어났는지 설명하는 수많은 전문가가 나타나는 걸 보면 그 구체적 원인은 아무도 모르는 듯하다. 이런 폭락장에는 흔히 세 부류의 사람이 있다. 첫째는 이 피해를 고스란히 당하는 사람들이다. 이런 사태는 금융시장에 투자한 사람들에게나 영향을 주는 것 같지만 실제로는 평범한 삶을 유지하는 많은 사람이 직접적인 피해자가 된다. 주식 한 장 투자한 적 없어도 여전히 영향을 받는다.

금융자산은 모두 사업체와 연결되어 있고 주가폭락은 회사의 사업을 축소시킨다. 실업률이 증가하고 실물경제는 빠르게 식어버리며 모든 사람의 소득이 줄어든다. 소득의 축소는 부동산 침체로 이어지고 부동산 하락으로 융자가 회수되거나, 빚을 진 사람들은 채무 독촉을 받게 된다. 주식은 자기들끼리 오르다 떨어졌는데 피해는 내가 당하는 것이다. 이유는 단 하나다. 빚이 있기 때문이다. 빚이 있기 때문에 다른 사람들의 자산 변동이 내 자산에까지 변동을 주고 그 영향에 고스란히 노출된 것이다.

두 번째 부류는 이런 폭락장에 전혀 영향을 받지 않는 사람들이다. 물론 이들은 빚도 없고 직업도 안정적이다. 이들에게 폭락장 뉴스는 언제나 불경기라고 아우성치는 어떤 부류들이 조금 더 시끄럽게 떠드는 소리로 들릴 뿐이다. 어차피 실제 폭락의 영향도 빠르면 1년, 늦으면 몇 년 안에 모두 해결돼 언제 그랬냐는 듯 다시 상승장이 이어질 테니 신경 쓸 이유조차 없는 사람들이다. 이들이 이렇게 태평한 것은 빚이 없기 때문이다.

세 번째 부류가 특이하다. 세 번째 부류는 이런 사태에서도 이익을 보는 자산가들이다. 이들은 이런 사태를 몇 년 치의 자산을 한 번에 벌 수 있는 기회로 본다. 이런 폭락장에는 거대한 부의 이동이 이뤄진다. 하지만 이런 대이동은 물이 아래에서 위로 흐르지 않듯 가난한 자들의 돈이 부자에게로 흐르고 부자는 더 부자가 되는 이동이다.

하지만 부자라고 모두 이 혜택을 보는 것은 아니다. 사람들이 절망하고 공포에 떨며 모든 재산을 던져버릴 때 어둠 속으로 걸어 들어가는 사람들이 있다. 이들은 리스크가 가장 커져서 아무도 사지 않아 내던져버린 자산의 상태가 오히려 가장 리스크가 작은 상태인 것을 알아차리고 실제 행동에 옮기는 사람들이다. 이때는 경기에 대한 가장 극단적인 이야기로 가득 찬다. 그럼에도 이들은 투자를 멈추지 않는다. 산업과 경제에 대한 근본 가치를 믿는다. 세상이 결국 전진할 것임을 믿는 낙관주의자들이다. 이들의 야망은 매번 성공해왔다. 그러나 이들의 성공이 수백 년간 이어졌음에도 막상 그때가 오면 모두 고개를 숙이고 숨어버린다. 상황이 정리되고 고개를 들었을 때 낙관주의 자산가들은 이미 더 높은 집을 지어놓았다. 그것이 신이 세상을 이끄는 방식이다.

살아 보니 산에서 돌이 굴러 내려오면 돌에 맞아 죽은 사람도 있고 피하는 사람도 있고 돌을 내다 파는 사람도 있었다. 가장 큰 부의 이동은 항상 매번 이런 식이었다.

내가 청년으로 다시 돌아가
부자가 되려 한다면

우리 부모 세대에는 저축이 가장 좋은 투자였다. 집집마다 통장도 여러 개 있었고 적금을 붓지 않는 집이 없었다. 1971년 7월 당시 한국 신탁 은행 광고에 나온 이자율은 25.2%다. 80년대에도 이런 이자율이 지속되다가 1991년 금리 자유화가 이뤄지면서 10%대로 떨어졌다. 한국 예금은행의 최고 이자율 기록은 연 30%(1965년 9월)까지 오르기도 했다.

만약 1971년도에 100만 원을 복리로 저축해서 지금까지 가지고 있었다면 무려 2,600억 원이다. 저축할 만했다. 그래서 어르신들 중에는 지금까지도 저축이 최고인지 아는 분이 많다. 사회생활을 처음 시작해서 급여가 생기기 시작하면 청년들도 제일 먼저 적금을 넣거나 은행에 저축을 하는 것으로 금융 투자를 시작한다. 관성이다.

그러나 이제는 저축을 통해 부자가 되는 것은 더 이상 불가능하다. 불가능한 것을 넘어서 사실 손실이 나고 있다. 2% 정도의 물가상승률과 이자과세 15.4%를 떼고 나면 사실 원금이 줄어드는 것이다. 은행이 현재 1.75%의 이자를 지불하고 있기 때문이다. 저축을 하는 순간 돈은 사라지기 시작한다.

적금도 별반 차이가 없다. 간혹 5%대의 이자율로 현혹하지만 적은 금액으로 한정하거나 초반 몇 달만 혜택을 주는 식으로 대부분 미끼 상품이다. 저축으로는 결코 부자가 될 수 없다. 그러나 저축은 여전히 부자가 되는 첫걸음이다. 부자가 되기 위해서는 종잣돈이 필요하고 이 종잣돈을 모을 때까지는 은행을 이용해야 한다. 아주 영리하게 저축은행이나 새마을금고를 이용하면 3% 이상의 상품을 찾아낼 수 있다. 물론 은행도 망할 수 있으니 원금 보장이 되는 5,000만 원 내에서 예적금을 들어야 한다.

재산은 '자본 × 투자이익률 × 기간'의 합계다. 즉, 얼마의 돈으로 얼마의 이익률로 얼마나 오랫동안 돈을 모아왔느냐에 달려 있다. 10억 원의 재산을 모으고 싶다면 첫 종잣돈 1억 원을 10%의 이익으로 25년 동안 꾸준히 복리로 모으면 된다. 내 나이가 서른이라면 55세에 나는 부자가 되는 것이다.

만약 지금 서른에 45세에는 부자가 되겠다고 목표를 세웠다면 연간 16.5%의 이익을 복리로 낼 수 있어야 한다. 현재 스물다섯 살이라면 5,000만 원으로 16.5%의 이익을 45세까지 낼 때 10억 원 자산가가 된다. 일찍 시작할수록 훨씬 유리하다. 스물다섯 살에 5,000만 원이라는 종잣돈을 마련하기가 쉽지 않겠지만 16% 이상의 이익을 15년 이상 내는 것 또한 결코 쉬운 일이 아니다.

내가 만약 지금 스물다섯 살 직장인 청년이고 지금의 내 모든 경험과 지식을 이용할 수 있다고 가정하면 나는 은행에 저축을 해서 종잣돈을 마련하는 일은 하지 않을 것이다. 차라리 매달 급여에서 50만 원 정도의 돈을 빼서 한국에서 제일 큰 회사의 주식을 사겠다. 가격이 오르내리는 것은 상관없다. 매달 같은 날 50만 원씩 주식을 사 모을 것이다.

가장 큰 회사라면 현재로는 삼성이다. 그러나 삼성의 시가총액을 넘어가는 회사가 생긴다면 그 회사로 갈아타고 계속 같은 투자를 진행할 것이다. 만약 15년 전인 2005년 당시로 돌아가 매달 50만 원어치 삼성전자 주식을 샀더라면 지금의 총액은 약 5억 원의 가치를 지닌 상태일 것이다. 하지만 그 돈으로 은행 적금을 들었다면 겨우 1억 원이 조금 넘는다. 그 상태로 10억 원의 자산가가 되려면 죽기 전엔 불가능할지도 모른다. 95세까지 적금을 부어야 하기 때문이다. 그런데 현재 5억 원 상당의 삼성 주식을 가지고 있다면 불과 몇 년 안에 10억 원이 될 가능성이 높고, 더구나 배당도 나오기 때문에 더 이상 50만 원을 매달 투자하지 않아도 될 것이다.

이것이 아직 젊은 나이에도 안정적인 직장 생활을 하면서 얼마든지 백만장자가 될 수 있는 방법이다. 하루라도 빨리 시작하면 된다. 공식에서 가장 중요한 변수가 투자 기간이기 때문이다. 백만장자 되기가 생각보다 그리 어렵지 않다. 다시 반복해서 말하지만 부자는 천천히 되는 길이 가장 빠른 길이다.

지혜는 기초학문으로부터 시작된다

투자는 지식과 지혜가 합쳐져야 성공한다. 지혜가 없는 지식은 오만해지고 지식이 없는 지혜는 허공만 안게 된다. 지식은 어떤 대상이나 상황에 대한 명확한 인식이나 이해를 말하고, 지혜는 어떤 현상이나 사물에 대한 이치를 깨닫는 일이다. 어떤 분야든 대가가 된 사람들은 모두 지혜와 지식 수준이 남다르다. 그가 음악가든, 운동선수든, 예술가든 그들의 생각을 들어보면 모두 어떤 경지에 이른 자신만의 철학이 있다.

흥미로운 것은 어느 분야를 통해서도 최고 수준에 다다르면 비슷한 철학적 관점을 지니게 된다는 것이다. 아무리 큰 산이라도 오를 때는 사방에서 다가갈 수 있지만 봉우리에 다다르면 거의 비슷한 곳에 모이기 마련이다. 그래서 성공한 대가들은 대부분 비슷한 철학자가 되어 있는 것을 볼 수 있다. 투자 대가들의 주주서신이나 그들의 책을 읽어보면 한 권의 철학서를 보는 것 같다. 주가 변동성이나 국채 이자율 추이에 대해 설명하지만 실상은 인간의 욕망과 좌절을 이해시키기 위해 숫자로 설명할 뿐이다.

젊은 청년이 세상의 가장 고결한 진리를 얻기 위해 사물의 이치를 배우고자 한다면 가장 먼저 해야 할 일은 역시 공부다. 그의 나이 35세에 바이샤카월의 만월의 밤에 대각(大覺)을 하고 부처가 되신 싯타르타도 보리수나무 밑에서 계속 묵상만 하신 게 아니다. 처음엔 바라문 고행자를 선생으로 모시고 단식과 결가부좌를 유지하는 등 온갖 고행을 했고 브라만교의 행자(行者)에게서 요가도 배웠다. 결국 왕국을 물려받을 생각이 없다는 것을 알게 된 석가의 아버지는 다섯 명의 선생을 보내 아들을 6년 동안이나 개인교습을 시켰다. 대학교수 다섯 명에게 집중 과외를 받으셨던 것이다.

예수님의 산상 수훈 설교는 예수의 가르침 중 으뜸으로 알려져 있다. 1947년 이스라엘과 요르단 사이의 사해 근처의 쿰란 동굴에서 유대교의 한 종파인 에세네파의 고문서가 발견됐다. 유대지파 중에서 에세네파는 금욕주의, 의로움, 경건함을 중시하는 지파였다. 당시 집권 세력이었던 사두개파와 바리새파의 박해를 피해 이런 기록들을 동굴에 숨겨놓았던 것이다. 오래된 이 문서에는 예수님의 산상수훈의 설교가 담겨 있다. 그 외에도 초대 교회의 용어와 조직에 에세네파의 흔적이 많이 남아 있다. 이 기록물들이 예수님이 태어나시기 150년 전에 만들어진 것으로 보아 예수님이 에세네파의 교육을 받았다는 것을 짐작할 수 있다. 예수님은 혼자 목공일을 하면서 독학을 하신 것이 아니었다.

신의 경지로 간 분들도 공부를 하는데 우리는 말할 것도 없다. 학문은 우리가 지혜를 얻는 데 필요한 그릇과 같다. 지혜라는 성수를 담아 오려면 그릇을 가지고 가야 한다. 영어와 수학 같은 학문이 지혜를 얻는 데 무슨 도움이 되냐 물을 수 있지만, 다른 언어를 하나 배우는 것은 다른 문화를 통째로 내 안에 가져오는 것이다. 수학을 배우는 것은 인간 사회의 가치 체계를 누구나 인정할 수 있는 형태로 이해하게 해준다.

기초학문을 배우는 것은 지루하고 괴로운 일이다. 무조건 외워야 하는 경우가 많기 때문이다. 그러나 이런 무조건적인 암기를 건너뛰고는 지혜를 얻을 방법이 없다. 모든 지혜는 언어와 문자로 표현하고 설명해야 하기 때문이다. 투자의 대가가 되기 위해서는 언어와 수학을 누구보다도 잘해야 한다. 그래야 세상과 사업을 해석할 줄 알기 때문이다.

이렇게 오랜 성공과 실패를 경험하다 보면 지극히 세속적인 투자 세계에서도 나만의 철학이 탄생한다. 나는 그것이 무엇이든 한 분야의 대가가 된 사람들을 철학자라 생각한다. 위대한 철학자는 생각의 각성에서만 출현하는 것이 아니라 지독하고 지루한 공부와 몸의 움직임 끝에서 탄생한다고 믿는다.

부자가 되기 위해
우선 당장 할 수 있는 일 한 가지

"브라질에 있는 나비의 날갯짓이 대기에 영향을 주고 시간이 지나 증폭되어 미국 텍사스에 토네이도를 발생시킬 수도 있는가?"(Does the flap of a butterfly's wings in Brazil set off a tornado in Texas?)

미국 기상학자 에드워드 노턴 로렌즈(Edward Norton Lorenz)가 1961년도에 기상 관측을 하다가 생긴 의문이 훗날 물리학에서 말하는 카오스 이론의 토대가 되었다. 지구상의 어디에서 발생한 작은 움직임이 토네이도의 시발점이 될 수도 있다는 뜻이다. 이를 나비효과라고 말한다. 지금부터 내가 말하는 것이 독자 여러분의 인생에 나비효과가 될 수 있기를 바란다.

이 글을 읽는 것을 마치면 자리에서 일어나 포스트잇과 필기구를 챙기고 장갑을 낀 후 집 안에서 가장 큰 이불을 가져다가 거실 바닥에 펼쳐놓자. 먼지가 날 수도 있으니 창문은 열어놓는다. 그리고 이불의 정중앙에 서서 집 안의 사방을 향해 인사를 한 번씩 한다. 입으로 조용히 소리 내어 "집 안에 있는 물건 여러분 안녕하십니까? 오늘 여러분들을 모시고 정리정돈하는 시간을 갖겠습니다"라고 말한다.

인사를 마치면 모든 집 안의 서랍에 있는 모든 물건을 이불 위에 꺼내 놓는다. 단, 쏟아부으면 안 된다. 하나씩 달걀 다루듯 이불 위에 차근차근 올려놓는다. 이렇게 꺼내놓고 보면 알게 된다. 얼마나 쓸데없이 많은 물건을 모아왔는지, 한 번도 쓰지 않은 물건이 이렇게나 많은지, 그리고 얼마나 이유 없이 서로 섞여 있었는지 알게 된다.

부끄러울 것이다. 그리고 부끄러워해야 한다. 이제 무릎을 꿇고 앉아 (사죄와 존중을 담아) 물건 하나를 집어 들고 이 물건이 나를 설레게 하는지 느껴본다. 설렘을 무엇으로 표현해야 정확할지는 모르지만 애정이 느껴지고 여전히 간직하고 싶은지 마음에 묻는 거다. 일본의 정리정돈의 여왕 곤도 마리에가 반드시 권하는 방법이다.

여전히 설레는 물건은 오른쪽에 둔다. 그러나 설레지 않는 물건들은 "그동안 고마웠어" 혹은 "사용하지 않고 버려둬서 미안해"라고 말하고 "안녕! 잘가"라고 인사한 후 왼쪽에 모아둔다. 아무리 사소하고 하찮은 물건이라도 같은 방식으로 인사를 마치고 분류해놓는다. 분류를 마친 후, 왼쪽에 있는 물건들 중에 아직 쓸 만한 것들은 기부하거나 팔고, 버릴 것들은 버린다. 이제 오른쪽에 있는 물건들을 그냥 그대로 서랍에 넣지 말고 종류별로 분류해서 한 서랍에 한 종류씩 넣어준다.

뜻하지 않게 각기 다른 서랍에서 다른 종족과 낯설게 지내던 물건들에게 가족과 친지를 찾아주는 일이다. 자리를 잡은 서랍에는 포스트잇으로 가족의 이름을 임시로 적어놓는다. 마사지 및 운동용품, 슬리퍼, 문구류, 리모콘, 소형 전자제품 같은 가족의 이름을 만들어 붙여준다. 물건의 정리가 다 끝나면 사무실에서 쓰는 전문 레이블 기계로 서랍마다 해당 이름을 작고 정갈하게 인쇄해서 예쁘게 붙여놓는다. 너무 크면 오히려 보기 흉하다. 일이 다 끝나면 이불을 정리해서 다시 넣고 차 한잔하며 반성의 시간을 갖는다.

이렇게 정리해보면 우리가 얼마나 세상의 물건을 함부로 대했는지 알게 된다. 알지도, 원하지도, 필요하지도 않은 물건들이 끝도 없이 나올 것이다. 얼마나 많은 물건을 쓸데없이 사왔는지 부끄러워진다. 또 어차피 쓰지도 않을 물건들을 얼마나 많이 가지고 있었는지도 알게 된다. 몸에만 때가 있는 것이 아니다. 이것은 삶의 때다. 이 때를 벗겨내지 않으면 올바른 부는 나를 찾아왔다가도 다시 돌아가버린다.

팔꿈치와 목 뒤에 때가 낀 남자와 연애하고 싶은 여자는 없다. 이 작은 행동이 나비효과처럼 물건을 대하는 태도를 바꾸고 세상을 보는 눈을 바꾸며 돈을 제대로 사용할 줄 아는 사람으로 변하게 할 수 있다. 함부로 물건을 사는 일이 줄어들 것이고 사온 물건들은 제 집에 제대로 자리 잡게 되며 어떤 물건을 찾느라고 이리저리 시간을 쓰거나 못 찾아서 다시 사는 일도 없어진다. 씀씀이가 올발라지고 사람이 달라지며 가족 간에 다투고 싸우는 일도 줄어든다.

이렇게 정리를 하고 나면 부엌이나 옷장이나 차고나 화장실도 치우고 싶어질 것이다. 지갑이나 차 트렁크, 컴퓨터 파일도 동일한 방법으로 정리하길 바란다. 그러면 평생 존중받는 부자로 살 준비가 다 된 것이다. 이제 때만 기다리면 된다.

앞으로 주식이 오를 것 같습니까?

　　나에게도 이런 질문을 하는 지인들이 있다. 나는 보통 이런 질문에 답을 하지 않는다. 2020년 3월부터 주식이 떨어지자 뒤늦게 주식에 투자한 지인들이 걱정스런 말투로 여기저기 묻고 다니다가 나에게까지 질문이 들어온다. 사업을 하고 있으니 내 판단이 더 권위가 있을 것이라고 생각하기 때문이다. 더 사야 되나 팔아야 되나 걱정이 많다. 이런 질문에 대답을 하지 않는 이유는 간단하다.

　　사실 나름의 답을 갖고 있긴 해도 질문자에게 이 답이 유효하지 않기 때문이다. 폭락한 주식이 언제 오를지는 아무도 모른다. 아무리 유명하고 아무리 대단한 투자 기록을 갖고 있고 한 국가의 지도자라도 그건 모른다. 차트에 따라 기술적 투자를 하는 사람이나 과거의 예를 들어 자신 있게 예측하는 사람이야 수없이 많지만, 맞으면 영웅이 되고 틀려도 범죄가 아닌 것이 금융시장이다. 그 일로 고소를 당할 이유도 없다.

　　또한 나는 시장이 어떻게 될지 알고 있던 터라 거기에 맞춰 이미 투자를 진행하고 있었다. 물론 나도 이 시장이 다음 달 혹은 내년에 어떻게 될지는 모른다. 그리고 그건 내 관심사도 아니다. 하지만 내년 혹은 5년 후에는 어떻게 되어 있을지 너무나 잘 알고 있다.

　이제 여러분도 답을 알 것 같지 않은가? 시간을 더 늘려보자. 10년 후에는 어떨 것 같은가? 그 정도라면 누구라도 답을 알고 있을 것이다. 묻는다는 것은 어리석은 일이다. 다들 답을 알고 있기 때문이다. 아는 답에 맞춰 정답을 쓰면 되는데 너무 조급하기에 알 수 없는 문제를 안고 고민하는 것이다.

　10년을 기다릴 수도 있는 자본만으로 투자를 하면서 폭락장에서 더 폭락할까 봐 겁을 내는 것은 이치에 맞지 않다. 폭락이 거듭되면 주식의 가격은 회사의 본질적인 가치 밑으로 내려간다. 리스크가 사라진 정도가 아니라 그 자체가 이익 분기점을 넘어선다. 여기서부터는 시장 고수들과 자본가들이 참여한다. 이들은 주식의 본질적 가치를 계산하므로 명품을 줍는 기분으로 사 모은다. 일반인들이 주식이 더 떨어질까 봐 망설이는 사이 바겐세일은 끝나버린다. 불과 며칠 전까지만 해도 웃돈을 붙여 팔던 명품들이 며칠 만에 20~30% 전품목 세일에 들어가면 당연히 사지 않을까? 더구나 이 상품은 소비재가 아니라서 나중에 다시 웃돈을 받고 팔 수도 있고 중간에 배당도 주는 제품이라면 당연히 순식간에 팔려버린다. 누군가에게는 블랙먼데이가 누군가에는 블랙프라이데이이다.

　이런 질문을 하는 사람은 두 가지 허점을 갖고 있다. 하나는 빨리 수입을 만들어야 하는 경우이며 다른 하나는 내가 사고 싶은 걸 산 게 아니라 남이 사는 것을 따라 산 경우다. 내 돈도 품질이 좋지 않고, 구매한 상품도 믿지 못하니 결국 자신을 믿지 못해 이익을 만들지 못한다. 그리고 이런 버릇을 고치지 않는 한 평생 자본이익을 가질 수 없음을 반드시 기억해야 한다.

따라서 투자를 하는 사람은 예측을 하고 그 예측이 맞아야 수익이 나는 상태에 자신을 놓아두면 안 된다. 시장 상황이 더 악화돼도 대응할 수 있는 상황 안에서 투자를 해야 한다. 이것이 투자의 정석이다.

현재 임차료를 내는 사람들의
숨은 가치

내가 어떤 업종의 비즈니스를 하든 상관이 없다. 만약 현재 임차료를 건물주에게 내고 있는 사람이라면 그 사람은 해당 건물을 소유할 능력을 최고로 많이 가진 사람이다. 현재의 건물주도 그 건물에서 스스로 임대료를 만들지 못하니까 그 건물 안에 들어와서 사업을 통해 임차료를 내줄 사람을 구한 것이다. 즉, 만약 여러분이 임차료를 밀리지 않고 낼 사업체를 현재 운영 중이라면 그 빌딩을 소유할 능력과 힘이 있다는 것이다.

매장, 공장, 사무실과 같은 사업장을 갖고 수입을 발생시켜 임차료를 내고 있는 모든 사업자는 자신의 사업에서 두 가지 수익이 발생한다는 것을 알아야 한다. 그중 첫째는 당연히 사업 자체가 벌어들이는 수입이고 다른 하나는 고객이 들락거리면서 생긴 트래픽에서 발생한 부동산 가치 증가 수입이다.

만약 상권에 크게 영향을 받지 않고 맛집을 운영하거나 업체의 소비자 호응도가 높아 고객이 매장을 찾아오는 정도의 집객 능력을 가진 식당 경영자라면, 이 사람은 음식을 팔아 버는 돈보다 트래픽 증가에서 나오는 수입이 훨씬 더 클 수 있다. 이런 분들은 트래픽 증가에서 나오는 수익을 모두 건물주에게 빼앗긴다. 본인의 능력으로 건물과 상권의 고객 트래픽을 증가시켜 발생한 건물 가격 상승과 임대료 상승을 오히려 건물주에게 지불하는 것이다.

이런 사람들은 그 사업의 본질이 식당 경영이 아니다. 부동산 개발업자다. 이런 사람들에게는 자신의 사업체 경영 능력을 통해 얼마든지 후미진 자리나 남이 망해서 나간 매장을 살릴 수 있는 능력이 있다. 어느 누구보다도 최고의 부동산 사업자가 될 수 있는 자격이 있는 경영자라는 것을 본인이 모르고 있을 뿐이다. 자신이 백조인데 여전히 오리인 줄 아는 것이다. 조물주 위에 건물주는 우리랑 다른 사람 같지만 그도 평생 모은 돈과 융자를 받아 겨우 건물을 사서 능력 있는 사업자 덕에 월세로 융자금과 자기 생활을 하는 사람일 뿐이다. 부실한 사업체가 들어와 임차료를 밀리다가 결국 망하고 나가면 건물주도 숨통이 막힐 것이다. 조물주 위에 건물주라 하지만 건물주 위에 은행이 있기 때문이다.

빚을 이기는 사람은 이 세상에 아무도 없다. 그런데 당신은 임차료를 밀리지 않고 잘 내면서 그동안 사업을 운영해왔다. 만약 건물을 소유하게 되면 어느 누구보다도 은행 융자금을 잘 갚을 수 있는 힘이 있는 사람이다. 은행이 가장 좋아할 고객님이 바로 당신이다. 그러므로 스스로 건물 소유자가 되어 사업과 트래픽 증가 이익을 모두 챙겨야 한다. 트래픽 증가 이익이 음식을 팔아 번 돈보다 많을 수도 있다. 종잣돈을 마련하고 융자를 받아서 적당한 건물을 찾아 한 번만 성공하면 그것을 바탕으로 여러

채의 건물을 소유할 수 있다. 은행이 누구보다도 안심할 고객이다. 이것은 비단 맛집 식당뿐만이 아니라 학원 사업자, 사무실, 어린이집 등 모두에 해당된다.

우리가 알고 있는 대형 사업체들도 사실은 모두 부동산 이익을 동시에 취하는 형태를 가지고 있다. 맥도날드는 세계 최고의 식당 사업자이기도 하지만 동시에 세계에서 최고로 많은 부동산을 가진 부동산 사업자다. 거의 모든 대형 슈퍼마켓들도 다를 바 없고 어린이 공원이나 디즈니랜드, 호텔 같은 사업 역시 부동산 사업이다. 프랜차이즈도 부동산 사업이 될 수 있다. 개인 창업자보다 폐점률이 적은 프랜차이즈는 매장을 확보해서 점주에게 임대료를 받을 수 있다. 맥도날드가 그런 모델이다.

농장도 고객이 직접 사러 오게 만들 수 있으면 그 또한 부동산 사업이다. 생산, 제조, 판매를 동시에 하는 농장이라면 부동산 사업자다. 이를 다른 말로는 6차 산업이라고도 한다. 꽃집도 부동산 사업체일 수 있다. 나는 서울 시내에 계속 꽃 매장을 열고 있는데 이 중에 몇몇은 건물을 사서 들어갔다. 시장에 나와 있는 매물이 우리가 들어가서 현재 시장 임차료를 낼 수 있는 정도의 상가라면 사서 들어간다. 우리가 발생시키는 트래픽 자산을 상가 건물주에게 빼앗길 이유가 없기 때문이다.

이런 유능한 사업자들이 아직 건물주가 아닌 이유는 아주 황당하다. 일단 한 번도 생각해보지 않아서다. 건물을 사려면 많은 돈이 필요하다고 생각한다. '매장 하나 차릴 때도 근근이 차렸는데 어찌 감히' 하고 미리 겁먹는다. 그러나 이는 사실과 많이 다르다. 당신만큼 능력이 없는 건물주도 건물을 가진 것을 보면 이상하다는 생각이 들지 않는가?

인근 부동산을 다녀보며 매물을 들여다보고 은행을 찾아다니고 종잣돈을 마련하는 행동을 하다 보면 방법이 보인다. 생각처럼 부동산을 사기 위해 많은 돈을 들이지 않는 방법이 수없이 존재한다. 현재 운영하는 사업체에 붓는 정성의 반 정도만 부동산 공부에 쏟으면 매물과 기회를 잡을 수 있다. 부동산은 그 자체로 임대료를 통한 일종의 투자 배당금을 만들 수 있는 제품이므로 레버리지를 강하게 쓸 수 있다. 생각보다 쉽다는 얘기다. 어렵지 않다는 것이 아니라 생각보다 쉽다는 것이다.

'임대료를 내는 사람이 건물주'라는 말을 사업을 운영하는 동안 절대로 잊지 않는다면 어느 날 건물주가 되어 있을 것이다. 만약 이를 잊으면 매년 올라간 임대료에 허덕이다 이리저리 매장을 옮겨가며 건물주 욕이나 하며 사는 신세가 될 것이다. 건물 하나만 내 것으로 잘 잡아 융자를 갚고 나면 그다음부턴 레버리지로 다른 건물들을 살 수 있다. 그만큼 특별한 투자 상품이니 욕망을 절대 포기하지 말길 바란다.

부동산에 투자하는 것이 좋을까?
주식이 좋을까?

　　지난 10년간 한국의 부동산지수와 주가지수를 비교해보면 그다지 의미 있는 차이를 느끼지 못한다. 물론 이를 20년 전으로 되돌리면 주식 시장이 더 좋은 결과를 얻은 것이 사실이나 부동산지수는 주식 배당에 해당되는 임대료를 산정하지 않기에 무엇이 더 좋다고 단정 짓기 어렵다. 흔히 우리는 부동산 투자자와 주식 투자자를 각기 다른 투자자로 이해하지만 그런 분류 방법이 옳지는 않다. 부동산에 투자하는 사람은 보수적 안정성을 좋아하고 주식에 투자하는 사람은 공격적 고성장을 추종하는 것으로 생각한다.

　　하지만 부동산 시장에도 임대 수익 기준으로 부동산을 매매하는 시장이 있고 개발을 통해 수익을 만드는 시장도 있다. 임대료 중심으로 부동산에 투자하는 사람은 주식시장에서 배당우량주에 투자하는 사람과 같은 성향이고, 부동산 개발 사업에 투자하는 사람은 주식시장에서 유망 테마주에 투자하는 사람과 같은 성향이다. 즉 투자 시장의 구분으로 투자자 성향을 나누는 것이 아니라 투자 스타일에 따라 나눠야 한다.

117

주식 배당을 받는 것은 월세를 받는 것과 같다. 월세를 목적으로 하는 건물주가 건물 가격을 매달 확인할 이유는 없다. 배당을 받는 주식 투자자도 배당에 관심이 더 많아 주가 변동에 그다지 민감하지 않다. 이런 사람들은 건물 가격이 올해 오르지 않았다거나 주식이 오르지 않았다고 조바심 낼 일이 없다. 건물 가격은 임대료 갱신 때나 오르는 것이고 주가는 실적이 좋아지면 오르는 것이라 생각하기 때문이다. 그래서 이들은 동일한 성향을 가진 투자자다. 이런 사람들에게 주식이 더 좋은 투자처인지 건물이 더 좋은 투자처인지 묻는다면 배당이나 월세를 비교해서 많이 받는 곳이 좋다고 말할 것이다.

주식에 투자하는 사람들도 크게 두 부류로 나뉜다. 이 두 부류는 사실 전혀 다른 투자자들이다. 회사의 내재가치를 찾아내고 상대적으로 저평가된 회사의 주식을 사서 회사가 성장하기를 기다리는 장기적 투자 관점을 가진 투자자가 있는 반면, 인간 군중의 투자 심리에 따른 기술적 반등과 저항을 따라 매매하는 트레이더들이 있다.

같은 회사의 주식을 사고팔아도 한 사람은 회사와 동업을 하는 경우고 한 사람은 앞의 사람에게 사서 뒷사람에 파는 유통 거래자다. 기술적 투자를 하는 사람은 좋은 트레이딩 시스템과 거래량에만 집중하면 되니 어느 회사인지 혹은 회사의 장래에 대해선 관심이 있을 수 없다. 그래서 주식 입문 초보자들이 주변에 "지금 팔아야 되나요?", "지금 사도 될까요?"와 같이 주식에 대한 질문을 해도 서로 다른 답을 할 수밖에 없는 것이다. 물어보는 사람도 자신이 트레이더(Trader)인지 인베스터(Investor)인지를 알아야 하고, 대답하는 사람도 질문자가 트레이더인지 투자자인지 알고 대답해야 한다.

질문하는 행위는 바람직한 일이다. 공부를 잘한다고 반드시 성공하지는 않지만 질문하는 사람은 성공할 확률이 높다. 그러나 투자의 세계에서는 예외다. 투자는 직접적으로 돈과 연결되어 있기 때문에 그 말 한마디에 따른 결정 하나가 실제 수익과 깊은 연관이 있다. 가장 큰 문제는 답하는 사람이 답을 아는 경우가 없다는 것이다. 은행 직원, 증권회사 직원, 회계사, 전업 투자가, 심지어는 이미 알려진 유명 펀드매니저들조차 사실은 알지 못한다. 전망과 소문을 전달할 뿐이다. 신문이나 TV에 자주 보이는 고수외전, 필살기, 종목추천, 족집게, 투자 꿀팁, 상승예상 종목, 실전 투자법, 그래프 적중 투자, 매매 특강, 단타 정곡법, 기술적 분석 성공비법 등의 모든 유혹적인 말은 다 사기다.

이 사람들은 이것을 배워 스스로 주식에 투자하다 보니 결국 이것을 가르치는 것이 돈이 더 된다는 것을 알게 된 사람들이다. 또는 증권회사가 후원하는 프로그램에서 거래를 늘리려는 목적으로 고용된 사람들일 뿐이다. 거래 자체가 늘어야 증권사가 이익을 얻는 구조이기 때문이다. 통장을 까서 보여준다는 말로 우연한 성공을 자랑하거나 다단계 상급자들이 고급 차나 통장을 보여주는 것과 별반 차이가 없다. 원래 점잖은 투자자들은 투자 방식을 자랑하거나 통장을 까 보여주거나 남에게 투자를 권하지 않는다.

이 모든 행동은 실제 주변에 의도치 않은 피해자를 발생시킬 수 있고 조언을 듣고 성공해도 오래가지 못하고 조언을 듣고 실패하면 원망을 듣기 때문에 가족이나 친지에게조차 신중을 기할 수밖에 없다. 묻기 전에 물을 만한 자격을 갖춰야 하고 그 자격을 갖추기 위해 공부를 하다 보면 왜 물으면 안 되는지도 스스로 알게 된다. 그러면 부동산이 좋은지, 주식 투자가 좋은지라는 질문이 얼마나 부끄러운 질문인지 알게 된다.

이것이 부끄러운 질문이라는 것을 아는 순간, 당신은 투자할 기본 자격을 갖춘 것이다.

나의 독립기념일은 언제인가?

독립기념일, 광복절, 전승기념일 같은 국가 기념일은 모두 다른 나라로부터 빼앗겼던 주권의 회복을 기념하기 위한 것이다. 개인에게도 기념일이 있다. 인생을 살며 가장 중요한 기념일은 생일(생일은 태어난 날이므로 사실은 생일기념일)과 결혼기념일이다. 이는 마치 개천절과 정부수립기념일 같은 것이고 광복절과 독립기념일 같은 기념일이다. 한 인생으로서의 광복절은 부모로부터 독립해 혼자 살기 시작하는 날이고 재정 자립을 통해 경제적 자유를 취득한 날은 개인 독립기념일이다.

나에겐 6월 27일이 개인 독립기념일이다. 그날이 내 자본 소득이 근로 소득을 넘긴 날이었기 때문이다. 더 이상 일을 하지 않아도 되는 날의 시작일을 개인 독립기념일로 삼았다. 개인의 소득은 크게 두 가지다. 첫째는 자신의 노동이나 일을 통해 만들어내는 급여 수입이다. 직장인들이나 자영업자, 공무원, 전문직 종사자 혹은 경영자들도 모두 직접 일을 해야 수입이 생긴다. 자신의 근로 소득이 기본적으로 소득의 원천이다. 이들은 회사나 상사나 국민이나 고객, 소비자를 위해 일한다. 누군가를 위해 일을 한다는 것은 나에게 주어진 시간과 재능을 남에게 제공해 수입을 만드는 것이고, 만약 이를 제공받는 사람이 거절한다면 나의 수입은 사라져버린다. 나에게 결정권이 없으므로 주권이 없는 것이다.

그러므로 개인이 독립하려면 내 수입이 나의 노동이 아닌 다른 곳에서 나오게 만들어야 한다. 따라서 내가 벌어들인 모든 근로 수입을 아껴서 이 소득이 자산을 만들게 하는 것이 독립운동의 시작이다. 내가 아직 독립하지 않았다면 모든 소득은 자산을 만드는 데 사용해야 한다. 소득의 대부분을 자산이 아닌 소비재에 사용하는 사람들은 평생 독립을 이루지 못한다. 소득이 모여 자산을 이루고 자산이 다른 자산들을 낳고 키우며 그렇게 낳고 키운 자산의 규모가 내 노동 급여를 앞지르는 날이 바로 개인 독립기념일이다.

그날을 앞당기기 위해서는 5개년, 10개년, 20개년 자산 운용 정책을 만들고 투자를 진행하여 기필코 내 세대에서 이 가난의 꼬리를 끊어내겠다는 각오가 있어야 한다. 그날 이후로는 내가 일을 하든 안 하든 모두 내 자유다. 은퇴를 해도 되고 일을 해도 좋다. 무엇이든 할 수 있는 자유와 아무것도 하지 않아도 되는 자유를 동시에 쟁취한 사람이기 때문이다. 자기 결정권이 스스로에게 생겨난 날이다.

이제 독립을 이루고 나면 조금 사치해도 좋다. 해마다 이날을 기념해서 가장 좋은 식당을 예약하고 여행을 계획해도 좋다. 나를 위해 꽃다발도 하나 산다. 생일은 내가 잘나서 태어난 것도 아니니 낳고 기르신 부모님에게 선물을 드리는 날이다. 그러나 개인 독립기념일은 내가 잘나서 이

룬 날이니 맘껏 축하해도 좋다. 가족들도 개인 독립기념일이 당신 인생에서 가장 중요한 기념일이 되도록 응원하고 그날을 알고 기억하고 축하하게 하여 절대로 다시 가난해지지 않도록 상기하고 올바른 부를 즐기도록 한다.

자녀들도 집안의 그런 문화를 통해 자신들도 성장해서 부모로부터 벗어나는 광복절과 독립기념일을 스스로 만들도록 가르칠 수 있다. 나는 이 글을 읽는 여러분 모두가 개인 독립기념일을 하루라도 빨리 갖길 바란다. 우리 회사 꽃 매장들에 '독립기념일 자축'이라고 쓴 꽃바구니 주문이 하루에 수백 개씩 들어오는 날을 기다린다.

돈을 다루는 네 가지 능력

경제활동을 하는 모든 사람은 돈에 있어 네 가지 능력에 따라 자산이 늘어난다. 이 중에 하나만 갖고 있는 사람도 있고, 넷을 모두 갖고 있는 사람도 있다. 이 능력은 돈을 버는 능력, 모으는 능력, 유지하는 능력, 쓰는 능력으로 나뉜다. 돈을 버는 능력을 가진 사람을 부자라 부르지만 부자가 부를 유지하려면 이 네 가지 능력을 모두 갖추고 있어야 한다. 이 능력 중에 하나라도 있으면 부자가 될 수 있다. 그러나 부를 계속 유지할 수는 없다. 그리고 이 능력은 각기 다른 능력이다. 그러니 각기 다른 방식으로 배워야 한다.

돈을 버는 능력을 가진 사람들은 우리 눈에 쉽게 보인다. 이 능력은 밖으로 드러나 보이기 때문이다. 이 능력을 가진 사람은 대부분 진취적이고 사업에 능통하며 세일즈를 잘하는 유능한 사람이다. 낙천적이고 포기하지 않아 사업가들 중에 이런 사람이 많다. 전문직 직업을 가진 성실하고 똑똑한 사람들도 이 능력이 있다. 특히 사업가들 중에는 이 능력만 유난히 뛰어난 사람이 많다.

하지만 이런 사람들은 상대적으로 다른 능력이 부족해 오히려 빚을 지거나 사기를 당하거나 부하직원들이 횡령을 해도 모를 정도로 벌어놓은 재산을 관리하는 데 미숙한 면이 많다. 이런 사람들이 가장 잘하는 말은 "밖에 나가서 버는 것만 하면 좋겠다"다. 회계적인 문제나 투자 세부 문제, 재무제표를 읽고 이해하는 것을 아주 힘들어하고 방관하기 일쑤다. 이런 사람들은 재산을 모은 후 뭉칫돈으로 날린다. 세금 보고를 허술히 하거나 복잡한 투자 지출 문제에 봉착하면 믿고 맡긴다는 듯한 호인의 태도를 취하지만 사실은 귀찮고 이해를 못하기 때문이다.

또한 많은 사람에게 돈을 어떻게 벌어야 하냐는 질문을 받지만 그 질문을 받는 당사자조차 자기가 많이 벌고 있다는 것을 인지 못 하는 경우도 많다. 항상 이것저것 내고 나면 아무것도 남은 것 같지 않아서 많은 돈을 벌면서도 버는 느낌이 들지 않기 때문이다.

돈을 모으는 능력은 돈을 버는 능력과는 또 다른 능력이다. 돈을 잘 번다고 돈을 잘 모으는 것은 아니다. 돈을 모으려면 자산의 균형을 맞추고 세밀한 지출 관리 능력이 있어야 하기 때문이다. 더불어 영수증 처리, 물품관리 같은 사소한 것부터 세율, 이자, 투자, 환율과 관련된 지식과 이해를 가져야 하고 재정분리, 지출관리에도 소홀함이 없어야 가능하다. 그뿐만 아니라 돈을 대하는 태도 자체가 올곧아야 한다.

작은 돈을 함부로 하면 안 되고 큰돈은 마땅히 보내야 할 곳에 보낼 수 있어야 한다. 작은 돈을 함부로 하면 주변이 그를 따라서 돈을 함부로 하고 마땅히 풀어야 할 때 큰돈을 풀지 않아서 주위에 사람이 떠난다.

사람이 떠날 때는 돈도 갖고 떠난다. 그래서 돈을 모으는 능력은 인품에 따라 차이가 난다. 단호함과 너그러움이 같이 있어야 한다. 돈을 벌어도 모을 줄 모르면 밑 빠진 독과 다를 바 없다. 아무리 많이 벌어도 구멍이 새고 있으면 언젠가 빈 항아리가 될 수밖에 없다.

돈을 유지하는 능력은 돈을 벌 줄 아는 사람이 돈을 모으는 능력을 얻은 후에, 모아놓은 재산을 지키기 위해 반드시 필요한 능력이다. 이 또한 버는 능력이나 모으는 능력과는 완전히 별개의 능력이다. 재산을 지키는 일은 가장 힘든 일 중에 하나다. 성을 공격하는 것보다 지키는 것이 더 힘든 것과 같은 이치다. 이때는 자산가라는 이유로 대우도 받고 이름도 알려져서 사치와 허영이 문 밖에 항상 대기하고 있다. 자신과 걸맞은 집, 차, 음식, 친구, 명품을 찾기 시작한다. 금융, 정치, 경제를 보는 눈도 일반인들과 다르다고 생각하기 시작하고, 더 이상 선생을 구하지 않고 스스로 선생이 되거나 어른 행세를 시작하기 좋은 때다.

자산이 허물어지는 것은 한순간이다. 집을 짓는 데는 3년이 걸려도 허무는 데는 하루면 끝이다. 자산을 가진 사람이 자산을 유지 못 하는 가장 큰 이유는 올바르게 투자돼 있어야 할 자산을 관리하지 못한 탓이다. 세상에서 투자는 가장 힘들다. 아무것도 하지 않는 것은 가장 나쁜 투자다. 그러니 아무것도 안 할 수도 없는 일이다. 투자는 열심히 하는 것으로 대신할 수 없는 분야다. 통찰과 거시적 안목이 함께해야 하고 들어감과 나옴의 기준이 있어야 한다. 순식간에 성벽이 무너져내릴 수 있기에 그렇다.

마지막으로 돈을 쓰는 능력은 고도의 정치기술과 같다. 검소하되 인

색하면 안 된다. 나는 검소한 삶을 살아야 하지만 가족이나 주변에 강요하면 안 된다. 직원에게 강요해서도 안 된다. '부자인 나도 이렇게 아끼는데 너도 아껴야 하지 않겠어?'라는 말은 교훈이 아니다. 삶의 가치가 다를 뿐이다.

지출해야 할 것은 반드시 기일을 지켜 지출하고 늦거나 미루면 안 된다. 설령 그것이 부모님의 용돈이라 해도 정해진 날짜에 직원 급여 나가듯이 정확하게 나가야 한다. 그날 벌어 하루를 사는 사람들에게 일을 시키면 그날 바로 지불해줘야 한다. 그것이 청소든, 수리든, 배달이든, 심부름이든 그렇다. 그런 돈은 그날 바로 줘야 한다. 시간을 팔아 돈을 버는 사람들의 시간을 빼앗았으면 갚아줘야 한다. 미용실 약속을 하고 잊었거나 늦어서 일을 못 하게 만들었으면 머리 손질을 안 했어도 비용을 지불해줘야 한다. 미용사에겐 그 시간이 다시 돌아오지 않는 자산이기 때문이다. 변호사 친구에게 의견을 들었으면 밥값을 내줄 것이 아니라 상담료를 지불해야 한다. 그 변호사 친구도 밥값 정도는 충분히 낼 수 있기 때문이다. 지적 상담료가 비싼 이유는 그만한 가치를 하거나 그 지식을 배우기 위해 많은 시간을 들였기 때문이다. 식당에 예약을 했는데 못 가게 되면 미안해하지 않아도 된다. 그냥 돈을 보내주면 된다. 그것이 상식이다.

반대로 쓸데없이 위세나 허영심 때문에 밥값 내고 다니지 마라. 돈 많으면 밥값은 당연히 내야 된다고 믿는 사람들과 어울릴 필요 없다. 그런 사람들에게 듣는 욕은 보약이다. 폼이나 명예는 그런 데서 나오는 것이 아니다. 남의 돈을 존중할 줄 아는 사람에겐 밥값 몇 번 더 내줘도 되지만 당연시 여기는 사람들까지 챙기면 내 돈이 나를 욕한다. 돈을 잘 쓰는 능력을 배우려면 욕도 먹을 줄 알아야 한다. 내 돈에게 욕먹는 것보단 낫다. 내 돈이 날 욕하면 떠날 수 있기 때문이다.

즉, 이 네 가지 능력이 각기 다른 능력임을 이해하고 각각 배우려고 노력해야 한다. 이 중에 하나라도 소홀히 하면 오래 부자로 잘살 수 없다. 잠깐 부자가 된 맛은 느낄 수 있을는지 모르지만 정말 그렇게 되면 오히려 그 비참함이 더 커진다. 한번 가져봤던 것을 빼앗기는 슬픔은 한 번도 가져보지 못한 슬픔보다 더 크기 때문이다. 많이 벌어서 잘 모으고 잘 지키고 잘 쓰는 행복한 부자가 되기 바란다.

이런 곳에 나는 투자 안 한다

나는 아무리 많은 돈을 벌 수 있어도 절대 하지 않는 사업과 투자 영역이 있다. 생명이 사라져야 돈을 버는 영역이다. 전쟁에 관련된 회사나 총기, 무기, 담배, 술, 마리화나, 마약 같은 분야다. 회색 지역에 있는 사업들도 마찬가지다. 친구 중에 한 명은 렉카차 회사를 운영한다. 사고는 어차피 나는 것이고 렉카차 때문에 사고가 더 나는 것도 아니니 이것이 나쁜 비즈니스라고 말할 수 없다.

하지만 누군가에게 불행한 일이 생겨야 수입이 발생하는 경우라면 나쁜 마음이 생길 수밖에 없다. 이 사업의 가장 큰 수입은 인명 사고가 발생하는 경우다. 당연히 불손한 생각이 들 수밖에 없다. 이처럼 누군가가 죽거나 상하거나 망해야 돈을 버는 사업이라면 마음이 가지 않는다. 분명 누군가 해야 하지만 굳이 내가 그 일을 하고 싶지는 않다. 그 외에 추심이나 부채 청산, 전당포 같은 사업도 거리를 둔다. 누군가의 슬픔이 묻어 있는 사업이기 때문이다. 일부 제약회사도 질병이 생기고 사망사고가 많아지면 주가가 오르는 곳들이 있다. 약품이란 사망을 막고 질병을 치료하는 일이지만 동시에 질병이 번지고 사람이 죽어야 주가가 더 오르는 게 사실이다. 경영진이나 투자자라면 어떤 마음이 생길지 짐작이 간다.

그 밖에 멀리하는 곳으로는 공해나 이상기온이 발생하면 주가가 오르는 기업이 있다. 사실 이 글은 논란의 여지가 많은 글이다. 어차피 누군가는 해야 할 일이고 필요한 일이기 때문이다. 하지만 내 자산 안에 슬픈 돈이나 불행에 기초한 돈을 함께 넣어놓고 싶지 않다. 내가 버는 돈도 돈마다 사연이 있다. 어려서는 황순원의 「소나기」를 읽고 청순가련형의 소녀가 이상형이었지만 나이가 들어서 보니 청순가련형은 가족이 될 만한 여자는 아니라는 것을 알게 됐다. 밝고 명랑하고 유쾌한 사람과 살아야 행복하다. 안사람만 우울해해도 모두가 눈치를 보고 집안이 침울해진다.

그렇다. 돈 역시 우울하고 어두운 것은 멀리하기를 권한다. 같이 있는 돈들이 떠날까 걱정된다.

보험은 저축이 아니다

가까운 지인 중 한 명은 월 250만 원 정도를 버는데 보험료로 매달 80만 원을 내면서 항상 힘들어한다. 왜 그렇게 보험을 많이 들어놓았냐 물었더니 보험을 저축으로 이해하고 있었다. 보험은 원래 보험계약 당사자가 약정한 보험료를 지급하고 재산 또는 생명이나 신체에 사고가 발생할 경우를 대비해 안전망을 마련해두는 것을 목적으로 한다.

그러나 보험회사는 생명보험과 손해보험 같은 실제 위험에 관련된 보험만을 팔지 않는다. 보장성 보험과 저축성 보험은 물론이고 정기보험·종신보험·변액보험·유니버셜보험·개인연금보험 같은 상품도 팔고 있다. 보험은 리스크를 기반으로 한 확률게임이다. 보험사, 즉 상품개발 회사는 위험이나 손실이 생기는 영역을 찾아내고 그 영역의 실제 손실 발생수를 계산해 보험 액수를 결정한다. 가령 1만 명이 사는 동네에 연간 사고 사망자가 다섯 명이라면 나머지 만 명에게 각각 10만 원씩 걷어놨다가 10억 원이 모아지면 다섯 명에게 각각 2억 원씩 나눠주는 일을 하겠다는 뜻이다. 내가 그 다섯 명 안에 해당될지도 모른다는 불안감으로 사람들은 연간 10만 원만 내면 사고가 나도 남은 가족이 살 수 있게 해놓았으니 좋은 제도라 생각한다.

여기서 10만 원은 이 상품의 원가다. 그런데 이 일을 국가나 비영리 단체가 주도해서 무료로 하는 것이 아니라 이익을 추구하는 사기업이 하고 있다. 이들은 자체 보험 상품을 만들고 개발하고 홍보하고 사고가 발생하면 심사도 한다. 운영비도 들어간다. 또한 보험은 적극 판매를 해야 하는 상품인 만큼, 판매를 전문으로 하는 GA 같은 판매 회사도 있다. GA는 각 보험사의 상품을 비교 분석해서 소비자에게 전달하는 역할을 한다. 상품 하나를 팔기 위해 거대한 회사 조직을 운영해야 하며 홍보와 판매망에 수당을 지불해야 하니, 10만 원에 마진을 붙여 팔게 된다. 누군가는 관리를 하고 일을 해야 하기 때문이다.

문제는 보험사가 수당구조, 시책수당까지 포함해 많게는 월 보험금의 4~10배까지 판매망에 판매수수료를 지불하고 있다는 것이다. 즉, 1년 치 보험료의 거의 전액이 판매수수료로 보험 설계사에게 지불되는 것이다. 거기서 끝나는 일이 아니다. GA는 최대 600%까지 수당을 주기도 한다. 이를 다 계산해보면 보험 가입자가 내는 월 보험료의 최대 16개월 분은 수당으로 나가는 셈이 된다. 보험 해지가 어렵고 중도해지 시 원금이 사라지는 건 이 때문이다. 더구나 보험사는 이렇게 많은 수당을 주면서 자신들의 회사를 운영하기 위해 직원들 급여, 사무실 임대료, 홍보에 쓸 돈을 보험료 안에 포함시켜야 한다. 상황이 이러니 실제 순수 보험료인 원가 10만 원짜리 보험의 보험료가 40만 원에 육박하게 된다. 이건 마치 보험액이 식당의 원재료값처럼 변해버린 꼴이다. 돈이 많은 사람이라면 매번 식당에 가서 외식을 할 수 있겠지만 보험을 드는 사람들은 자신의 자산 구조에 리스크가 있어서 보험에 기대 있는 사람들이다. 매일 세 끼를 외식할 수는 없는 것이다.

문제는 여기서 끝나는 것이 아니다. 보험사는 보험이라는 이름표로 온갖 금융상품을 팔고 있다. 이런 상품들은 실제 보험 역할보다 투자은행이 하는 일을 보험으로 위장해 고객들의 돈으로 투자를 한다. 보험에 저축이나 연금이 붙어 있는 건 모두 마찬가지다. 보험은 VIP, 스마트, 안심, 퍼스트, 평생 같은 단어를 앞에 달고 판매한다. 이 말이 내겐 '우리는 스마트하게 평생 우리를 우선 생각하며, 고객을 VIP처럼 모시는 척할 테니 안심하시라'는 소리처럼 들린다. 이런 상품들의 공시이율이 2.5%라지만 10년 이익률이 20%를 넘긴 것도 별로 없다.

저축성 보험은 가입 후 첫 7년간은 보험료에서 보험설계사 인센티브 등 사업비를 제외한 금액만 투자되기 때문에 전체 보험료를 기준으로 생각하면 공시이율과 실제 수익률 차이가 크게 난다. 따라서 원금 기준으로는 가입 후 5~6년까지 적자인 경우가 대부분이다. 특히 TV에 광고가 가장 많이 나오고 있는 종신보험은 보험사의 가장 큰 효자 상품이다. 가입자는 종신토록 보험료를 내야 하는데 보험료가 높아서 5~7년 사이에 70%가 해지를 하고 원금을 날린다. 보험사는 해지로 인한 이익이 상당하기에 가장 열심히 팔도록 독려하고 가장 높은 수당을 지불한다.

생명보험은 내가 가족을 현재 부양해야 하고 나의 근로 소득이 수입의 전부라면 들어놓아야 한다. 하지만 자산 소득이 따로 있다면 필요 없다. 자동차보험은 의무적 가입요건일 뿐이다. 미국의 일부 주에서는 10만 달러의 예치금이 있으면 따로 상업 자동차보험을 들지 않아도 된다. 나는 현대식 보험 무용론자다. 10만 원짜리 상품을 굳이 40만 원을 주고 사야 하고, 저축성 보험에 이자보다 못한 이익을 받고 투자를 할 이유가 전혀 없다. 상품의 원가와 판매가에 너무 많은 차이가 있기 때문이다.

가족과 친지가 많으면 가족끼리 보험을 만들어도 된다. 영리하고 정직하고 계산 빠른 큰누나가 보험사가 되면 된다. 불과 몇 년만 모아도 큰돈이 될 수 있다. 글 앞머리에 언급했던 지인이 그동안 낸 보험료의 총액을 보니 1억 7,000만 원이다. 아들이 태어날 때 들어놓은 어린이 암보험까지 포함해서 여덟 개나 됐으니 그럴 만하다. 그 아이가 이제 열여덟 살이다. 자신이 살고 있는 집 전세금보다도 많다. 해지하면 원금을 날린다는 걱정에 해지도 함부로 못한다.

많은 사람이 백세인생이라며 노후를 걱정한다. 그렇지만 실제 통계청의 2018년 생명표 발표에 따르면 출생아의 기대 수명이 82.7세로 전년과 동일한 것으로 나타났다. 물론 인류의 기대 수명은 지난 200년간 빠르고 꾸준한 증가세를 보여왔다. 1800년대 평균 수명은 40세에 불과했지만 1900년대 초 평균 기대 수명은 60세에 다다랐고, 2000년대 들어 80세가 되었다. 그러나 그것은 비누의 보급과 더불어 영양 상태, 주거환경의 개선, 각종 예방약의 발견과 보급에 따른 유아 사망률 저하에 따른 결과다. 그럼에도 불구하고 기대 수명이 끝없이 증가하지는 않았다. 증가세에 급정거가 걸린 것은 2011년부터다. 현재까지 추세로는 기대 수명이 1년 늘어나기 위해서는 12년 정도의 시간이 필요할 것으로 보인다.

　설령 2100년도에는 100세 기대 수명이 현실이 된다 해도 이 글을 읽는 사람들 중에 그때까지 살아 있을 걱정에 보험료를 내는 사람은 없을 것이다. 백세인생 키워드는 보험회사가 내놓은 최고의 히트 상품이다. 재수 없으면 100세까지 살지 모른다는 소리다.

　나는 실제로 회사에서 들고 있는 건강보험과 자동차보험 외엔 아무런 보험이 없다. 주택에 들어놓은 화재보험도 없을뿐더러 생명보험도 없다. 손실보험이나 여행보험, 치매보험, 암보험도 없다. 나는 한국과 미국에 각각 300만 원 상당의 건강보험료를 지불하고 있지만 지난 10년간 의료비 지출은 100만 원도 안 된다. 운전도 거의 하지 않고 사고 역시 20여 년 전에 낸 접촉사고가 전부다. 그나마도 뒤에서 받혔다.

　보험을 드는 사람은 최악을 걱정해서 보험을 들지만 그 돈을 20여 년 전부터 모아왔다면 확률상 자가 보험이 더 낫다. 왜냐면 보험사는 어떤 상품을 팔아도 이미 내게 불리하게 설계를 끝내놓기 때문이다. 저축형, 비과세, 갱신형 등의 여러 유혹적인 단어가 붙어 있어도 결국 고객에게 불리한 상품일 수밖에 없다. 또한 보험사는 자신들에게 손해가 날 만한 고객들의 가입을 거부할 수 있는 권리도 있다. 병력이 있거나 나이가 많거나 해당 위험에 노출된 직업이 있는 사람들은 가입을 못 하게 막을 수 있다. 그래도 보험 때문에 혜택을 본 사람이 많이 있지 않느냐며 반문하는 사람이 있을 것이다. 카지노에서 돈을 버는 사람도 48%다. 모두가 돈을 잃으면 더 이상 카지노 할 사람이 누가 있겠는가?

나는 독자들이 보험에 대한 자신의 관점을 다시 생각하고, 생기지 않은 여러 두려움에 자신의 경제권을 넘기지 않기를 바란다. 스스로 보험사가 되거나 가족과 형제들끼리 가족 보험 통장을 만들어 공동 투자하고 직접 자산을 관리할 수 있다면 시도해보길 권한다.

사실 부자가 되면 원래 보험이라는 것도 필요 없어진다. 이미 자산의 일부가 보험의 역할을 충분히 하고 있기 때문이다. 그래서 부자는 더 부자가 되는지도 모르겠다.

예쁜 쓰레기

올해(2020년) 봄에 결혼 30주년을 맞아 아내와 세계 여행을 떠났다. 프라이빗 제트 비행기를 빌려서 컨시지어가 몇 명씩이나 따라붙고 의사와 요리사까지 대동하는 세상에서 제일 비싼 여행 패키지 상품이었다. 총 9개국을 돌면서 최고급 호텔에서 최고급 요리와 최고의 대우를 받았다. 공항에서조차 특별 게이트와 비밀 라운지를 통해 입국과 출국이 이뤄졌다. 함께한 사람들은 미국이나 캐나다, 영국, 남미에서 온 기업인들, 투자자들, 법률회사 대표, 멕시코 목축업자, 카레이서, 음악 산업을 하는 청년 등이었다. 두 사람의 여행 경비가 한국 평균 아파트 한 채 값이니 이 여행에 참여한다는 것은 다들 상당한 자산가라는 뜻이었다. 돈 걱정이 없는 사람들이다.

이들과 함께 다니면서 느낀 것은 이들이 쇼핑에는 전혀 관심이 없다는 점이다. 대신 박물관을 좋아하고 걷기를 좋아하고 함께 어울리기를 좋아했다. 이들은 딱히 쇼핑센터를 가려고 하지도 않았고 이런저런 기념품을 사는 일도 없었다. 이제 막 부자가 되거나 부자처럼 보이고 싶은 사람들과는 확실히 달랐다. 확실히 무언가를 사는 것보다는 그때그때의 경험을 즐기고 동료들과 함께 어울리고 로컬 행사에 직접 참여해보는 것을 좋아했다.

나 역시 모로코 마라케시 마조렐 정원 안에서 모로코 전통 신발 바부쉬(Babouche)와 타조 가죽으로 만든 파란 카드지갑을 산 게 전부다. 대놓고 뒤꿈치를 접어 신는 바부쉬를 하나 갖고 싶었고 더 얇은 카드지갑이 필요했던 것뿐이었다. 아내 역시 부다페스트에서 직각 모양의 화병 하나를 사온 게 전부였다.

한 달 가까이 수많은 나라를 돌면서 이런저런 추억을 되살릴 만한 물건이 여럿 있었지만, 10여 년 전부터 이런 모든 것은 결국 예쁜 쓰레기라는 걸 알게 되었다. 당장 예쁘고 갖고 싶은 물건이 많지만 막상 집에 가지고 오면 놓을 곳도 마땅치 않고 나중엔 버리기도 아까운 예쁜 쓰레기로 변해 있는 것이 한두 개가 아니었다. 이런 물건들은 꺼내 놓아도 번잡하고 서랍에 처박혀 있어도 귀찮다는 것을 알게 된 것이다. 그래서 아내는 집을 꾸밀 때도 가장 간결하고 적절한 정도로 장식품과 가구를 배치한다. 공간에 여백이 있고 일정한 컨셉을 갖춘 매장처럼 집 안도 그렇게 꾸미다 보니 무엇을 사면 바로 그것이 예쁜 쓰레기가 될 것임을 알게 된 것이다. 이젠 있는 것도 치워버리는 상황이니 새로 무엇인가를 사온다는 것이 오히려 불편해졌다. 그래서 이제 어디 가서 예쁜 물건이 보이면 한번 집어 보고 이것이 예쁜 쓰레기 후보인지 아닌지 생각해보면 금방 답이 나온다. 러시아의 마트료시카도, 하노이에서 본 밀짚모자도, 일본 기모노도, 몰디브 해변을 담은 스노우볼도, 탄자니아에서 본 팅가팅가도 집에 오자마자 예쁜 쓰레기가 될 것임을 알았기에 하나도 데려오지 않았다.

경험과 추억과 사진만으로 집 안을 채우기 벅차다. 여행 중에 찍어온 사진 파일을 정리하는 데만 해도 1년은 걸리지 않는가? 부자가 되어 돈을 거느리고 살게 되면 저절로 명품이나 물건이 필요 없어진다. 구찌 마크가 촘촘한 가방을 자랑할 곳도 없고 자랑할 이유도 없어진다. 있어도 그만이고 없어도 그만이다. 자랑을 위해 소비하는 것이 아니라 필요를 위해 소비하는 형태로 바뀐다. 그때는 오히려 로고가 안 보이는 좋은 제품을 차게 되고 오메가나 롤렉스 시계가 아니라 200달러짜리 몬데인 시계를 차고 다녀도 멋있어 보인다.

아무리 예뻐도 결국 쓰레기다. 쓰레기는 버리거나 치워야 한다. 돈을 주고 쓰레기의 예쁨에 현혹될 이유가 없다. 차라리 그런 돈으로 가장 좋은 의자와 가장 비싼 베개를 사고, 가장 좋은 침대와 이불을 사고, 수제화를 신는 것이 낫다. 사람은 어디서 무엇을 하든 이것들 안에서 살아가기 때문이다.

경제에 대한 해석은 자신의 정치적 신념에서 벗어나 있어야 한다

이 말은 정치적 신념 때문에 경제를 해석하는 데 편견을 갖지 말라는 뜻이다. 많은 신문사가 경제 기사 속에 어떤 의도나 목적성을 숨겨놓는 일이 많다. 그런 기사를 액면 그대로 이해하지 말라는 뜻이다. 경제 기사는 부정적 보도가 관행이다. 긍정적인 소식보다는 부정적인 소식이 독자들의 주목을 받는다. 길을 걷다가 "나무에 꽃피었네"라는 소리보다 "앗, 차 조심!" 하는 소리에 더 주목하는 것과 같은 맥락이다.

미국 경제 기사도 신문사 논조와 상관없이 60%가 부정적 기사이고 한국은 80% 이상이 부정적 기사다. 부정성에 기반을 둔 뉴스가 언론을 감시하는 기능을 하니 부정적 기사의 비율이 높은 것도 이해된다. 잘한 것은 당연한 것이고 못하는 것은 야단치고 혼을 내는 것이 언론의 주요 순기능이기 때문이다. 여기까지는 그래도 신문사에게 호의적인 해석이다.

신문사의 문제 중 하나는 경제 기사를 왜곡해 정치 기사로 만드는 경우다. 같은 상황을 놓고도 '비참한 자영업…1600곳 폐업'이라고 기사가 나올 수도 있고, '지난해 자영업 폐업률, 역대 최저 10.98%'라고 기사가 나올 수도 있는 것이다. 신문사 논조에 따라 '경제 실패 프레임'을 씌우거나, 반대로 1997년 외환 위기 당시 끊임없이 한국의 외환 위기 가능성을 지적하는 외신 기사가 나오는 상황에서도 전혀 문제가 없다는 기사를 내는 일처럼 말이다. 오히려 당시 국내 언론은 '경제 위기감 조장 말자', '경제 비관할 것 없다'라는 사설을 쓰기도 했다. 이런 기사들은 모두 경제 기사가 아니라 정치 기사다. 그렇기에 자신의 정치적 성향이 한쪽으로 완전히 치우쳐 있으면 경제를 해석할 능력이 사라진다. 실물경제 판단에 오판이 생기면 자칫 투자의 실패로 이어질 수도 있다.

인간이 타인에게 가장 큰 혐오를 느끼는 상황 중 하나가 나와 정치색이 다를 때다. 오히려 종교가 다른 사람하고는 문제가 없다. 학력이나 재산 규모 차이도 친구가 되고 같이 어울리는 데에는 큰 문제가 없다. 페이스북에서 종교가 다르다고 친구를 끊는다는 말은 들어본 적이 없다. 허나 정치 성향이 다르면 대놓고 삭제하는 경우는 많이 봤다. 정치 성향이 극단적으로 다른 사람들끼리는 살인을 불사할 정도로 감정이 증폭되는 경우도 있다. 역사를 보면 실제로 서로 죽이고 죽임을 당하기도 했다. 세계 역사에서 종교 갈등으로 전쟁이 일어나기는 했지만 이면에는 종교를 빙자한 정치적 이해관계가 들어 있다.

결국 가장 깊은 감정 차이는 정치에서부터 온다. 따라서 한쪽 편을 온전히 지지하는 강성 정치 성향을 가지면 신문이나 언론 중에서도 자신의 성향에 맞는 기사만 보게 된다. 따라서 생각도 판단도 한쪽으로 치우치게 된다. 사실 정치 성향 자체가 문제가 되는 것이 아니다. 단지 경제 기사를 대할 때는 사실 판단을 위해 실제 데이터에 기반한 자료를 꼭 참고해야 한다는 점까지 인지하라는 말이다. 편향성을 띤 제목이나 논조에 대해선 언제나 의심하고 있어야 한다.

투자나 사업은 한번 방향을 잃으면 경쟁에서 밀려나거나 심지어 망할 수도 있다. 집값이 폭락하고, 공황으로 현금이 말라가고 있는데 느닷없이 '집값 상승시대 온다' 같은 터무니없는 기사가 나오기도 하니 말이다. 구매를 부추기는 신문기사를 사실대로 받아들이면 폐가할 수 있고 누구에게도 책임을 묻지 못한다. 자신의 정치 성향과 개인 경제 정책은 독자적으로 분리해 판단하기를 바란다.

마중물과 종잣돈 1억 만들기의
다섯 가지 규칙

　　동네에 우물이 사라지고 아직 수도 시설이 좋지 않던 시절에는 지하
수를 끌어올려 식수로 사용하곤 했다. 땅 밑 수맥에 파이프를 박아 펌프
를 달아놓았다. 이 펌프에 물을 한두 바가지 넣고 힘차게 위아래로 움직
이다 보면 지하에 있는 물이 따라 올라온다. 물 펌프 구조를 보면 물을 끌
어올리는 구멍이 뚫려 있고 그 부분이 고무막으로 막혀져 있다. 물을 끌
어올릴 때 고무막이 구멍을 막아, 끌어올린 물이 다시 내려가지 못하게 하
는 간단한 원리다.

　　이 물을 끌어올리기 위해 붓는 물을 마중물이라고 부른다. '마중하러
간다'는 의미다. 영어로는 Calling Water로 '물을 부르는 물'이라는 의미다.
한번 마중물을 넣으면 펌프질을 멈추지 않는 한 계속 물을 퍼낼 수 있지만
마중물 없이는 물을 빼낼 수 없다. 그래서 펌프 옆에는 항상 마중물용 물
통이 하나씩 있었다. 자본을 모아 투자를 통해 자본 수익을 얻으려는 사람
은 누구든지 이 마중물에 해당되는 돈을 모아야 한다. 이 마중물이 종잣돈
이다.

종잣돈이란 농사를 짓기 위해 씨앗을 살 돈을 말한다. 적정한 투자가 이뤄지기 위해서는 약 1억 원의 돈이 필요하다. 1억 원 정도는 돼야 주식이나 부동산에서 의미 있는 투자를 할 수 있기 때문이다. 작은 돈으로는 투자에서 이익이 발생하거나 손해가 발생해도 별 보람이나 충격이 없어 관심을 가질 수 없기 때문이다. 이 돈은 10억 원, 100억 원, 1,000억 원도 만들어내야 하는 씨 돈이다. 이제 청년들이 1억 원을 만들기 위한 현실적인 방법 다섯 가지를 제시하고자 한다.

첫째, 1억 원을 모으겠다고 마음먹는다.
둘째, 1억 원을 모으겠다고 책상 앞에 써 붙인다.
셋째, 신용카드를 잘라 버린다.
넷째, 통장을 용도에 따라 몇 개로 나누어 만든다.
다섯째, 1,000만 원을 먼저 만든다.

나는 항상 무언가를 이루고 싶을 때 가장 먼저 '정말 이것을 이루고 싶다'는 마음이 들어야 한다고 주장한다. 조용히 책상 앞에 앉아 이렇게 혼잣말을 한다. "나는 우리 가족의 가난의 고리를 끊고 누구에게나 존경받는 부자가 되어 가족과 사랑하는 사람들을 지켜주며 살고 싶다." 이렇게 말을 하는 순간 말은 힘을 가지며 실제로 그렇게 되기 위한 행동으로 이끈다. 언어를 통제하면 생각이 닫히고 행동이 통제된다. 반대로 언어를 열면 생각이 열리고 행동이 실현된다. 정말 진지하게 이 말을 되뇌고 힘들 때마다 같은 말을 반복하기 바란다. 이것이 시작이다.

첫 번째 행동을 마쳤으면 '나는 1억 원을 모으겠다'라고 손으로 직접 적어서 책상 앞에 잘 보이는 곳에 붙여놓는다. 눈에 자주 보이는 곳이면 되니 화장실 변기 맞은편도 좋고 식탁 위도 좋다. 여기저기 붙이면 더 좋다. 욕망이 강렬하면 전화기 초기 화면에도 적어놓고 모니터 화면에도 올려놓는다. 누가 봐도 상관없다. 내 욕망을 이해하고 응원하는 사람이 많으면 더 쉽게 이뤄진다. 조롱하는 사람들이 있어도 상관없다. 조롱을 미리 받아보는 연습도 필요하다. 부를 만들고 유지하는 과정에서 어차피 조롱은 수시로 받기 때문이다. 이런 조롱이나 비난은 부가 범접할 수 없는 경지로 올라서면 그때야 좀 줄어들 테니 무시하고 여기저기 붙여놓으라.

두 번째 제안이 끝났다. 사실은 이 두 가지 제안이 다음 세 번째 제안에 비해 쉬운 것 같아도 가장 어려운 일이다. 사람의 마음을 바꾸는 일이 행동을 하는 일보다 힘들기 때문이다. 부자가 되지 못한 사람 중 대부분은 능력이나 기회 혹은 종잣돈이 없는 사람이 아니라 부자가 되겠다는 실체적 욕심이 없는 사람이다.

세 번째 제안을 이행하기 위해서는 도구가 필요하다. 가위를 가져와서 신용카드를 잘라버린다. 부자가 되기 위한 첫 번째 선결 조건은 복리를 내 편으로 만드는 일이다. 그런데 신용카드는 복리의 적이다. 복리가 내 목을 조르고 번번이 훼방을 놓는다. 그러니 복리를 내 친구이자 나의 조력자로 만들기 위해 가장 먼저 카드를 잘라내라. 복리가 내 편이 되면 모든 돈이 따라올 준비가 된 것이다.

이제 현금만 가지고 다니거나 체크카드로 써야 한다. 동전이 딸랑거리는 것도 불편하고 체크카드를 쓰려니 잔고가 없을 수 있다. 걱정 마라. 조금만 고생하면 복리가 와서 도와줄 것이니 참고 견뎌야 한다. 한두 달을 정말 거지처럼 살아도, 약물중독에서 벗어나듯 미래 소득이 아닌 현재 소득으로 사는 위치로 옮겨와야 한다.

네 번째는 통장을 여러 개 만드는 일이다. 통장 하나에서 공과금이나 생활비 등을 모두 넣지 말고 통장을 추가로 서너 개 더 만들어 하나는 정규적인 생활비만 지출하는 통장을 만들어라. 이 통장에는 월세, 전화비, 교통비 같은 필수 생활비만 쪼개서 넣어놓는다. 다른 통장에는 밥값, 커피값 등 여유 자금으로 책정한 돈을 넣는다. 이 돈은 월초에 정해서 넣어놓고 중간에 모두 소진한 경우에도 다른 통장에서 옮겨 오거나 빌려 오면 안 된다. 그리고 저축을 위한 통장도 따로 하나 만든다. 이렇게 개인 예산에 맞춰 각각 통장을 만든다. 만약 이것이 귀찮고 불편하면 돈을 현금으로 찾아다 편지 봉투에 일일이 나눠 담으면 된다. 어쩌면 이 일은 번거롭고 통장을 만들기 위해 돈이 들어갈 수도 있다. 그래도 해야 한다. 해야 하는 이유는 명확하다.

국가나 기업을 운영하면 예산 편성을 한다. 한 해 수입과 지출을 예측하고 어느 부분에 얼마만큼의 예산을 책정할지 구분해서 나눠놓는다. 균형 있는 예산을 이루어야 통치와 경영이 가능하기 때문이다. 한 개인의 경제활동도 마찬가지다. 기초생활비, 저축, 문화활동, 교육 등의 주요 항목에 맞춰 예산을 편성해야 한다. 되는 대로 쓰고 남는 대로 저축하면 기업도 국가도 몇 년 안에 망한다. 국가나 회사는 부서별로 예산 사용권이 따로 있어 서로 건드릴 수 없지만 개인은 사용 범위를 넘나드므로 이렇게라도 구분을 하는 것이다. 이렇게 억지로라도 해야 한다.

마지막으로 다섯 번째는 목표액 1억 원의 10분의 1을 먼저 만드는 일이다. 1억 원은 큰돈 같지만 1,000만 원은 누구든 노력하면 만들 수 있다. 1년이 걸리든 2년이 걸리든 목표는 1억 원 모으기다. 첫 10분의 1을 억지로라도 모으다 보면 모으는 과정에서 재미도 붙고 요령도 생기고 추가 수입도 생기면서 흥미를 품게 된다. 두 번째 1,000만 원은 첫 1,000만 원보다 만들기 쉬워진다. 이렇게 모으는 과정을 경험해야 한다. 이것이 1억 원을 모으기 위한 시작이자 전부다.

내가 이런 이야기를 강연에서 하면 이런 질문을 하는 젊은이들이 꼭 있다. "너무 돈만 강조하시는 거 아닙니까? 삶에서 돈이 중요한 건 알겠지만 그렇게 돈을 모은다는 건 돈의 노예가 되는 것 아닌가요?"라고 말이다. 나는 돈의 중요성과 부자의 길을 이야기할 뿐인데 저축과 투자 혹은 절약에 대해 건드리면 불편해하는 사람들이 있다. 그러나 나는 이 질문을 하는 청년이 위선적이라 생각한다.

돈에 대해 이야기하는 것조차 경멸하면 부자가 될 첫 문을 닫는 것이고 돈을 그렇게 함부로 생각하는 것 자체가 이미 돈의 노예가 된 상태다. 돈 때문에 병원에 가지 못하고, 돈 때문에 공부를 하지 못하고, 돈 때문에 결혼을 미루고, 돈 때문에 아이를 못 낳고, 돈 때문에 부모를 돕지 못하고, 돈 때문에 늙어서 일을 찾아야 하고, 빚을 얻으러 다니는 것이야말로 돈의 노예 상태다. 그렇지 않은가!

한국의 노년 빈곤층 비율이 50%에 가깝다. 노년층 자살률은 세계 1위고 자살 이유의 3분의 1은 경제적 이유다. 젊어서 돈을 함부로 대했기 때문이다. 소비를 줄이고 저축하고 투자를 하란 말이 행복하게 살지 말고 구두쇠가 되라는 말은 아니다. 오히려 반대다. 재산이 증식되고 사회 경제 구조를 이해하고 부자가 되는 길을 걷는 것은 대단한 행복이다. 젊어서 일찍 이행복을 구하면 나중에 찾아오는 풍요로부터 다른 행복도 함께 따라온다. 이제 다들 가위를 들고 책상으로 가기 바란다.

좋은 부채, 나쁜 부채

나는 이 글을 쓰는 현재까지 부채가 전혀 없다. 나 정도 규모의 비즈니스를 가진 사람 중에 부채가 제로인 경우는 흔하지 않다. 운영 사업체에도 부채가 전혀 없으며 개인적인 재산에도 부채가 없다. 자택이나 투자 부동산은 모두 현금으로 사놓았고 금융자산에 레버리지 투자를 이용하고 있는 상품도 없으며 신용카드 잔고도 없다. 부채가 없다는 것은 나의 은근한 자랑이었다. 그러나 사실 이런 경우는 극히 극단적인 경우이며 직업이 경영자인 사람으로서 자랑할 상황은 아니다. 자산 관리 입장이나 투자 입장에서 보면 절름발이 신세다.

내가 이런 극단적인 무차입 경영을 하고 있는 이유는 개인적 트라우마 때문이다. 사업을 하면서 신용카드 돌려막기를 하며 무모한 도전을 이어가던 젊은 시절, 은행에서 부도 수표 때문에 걸려오던 전화의 공포가 아직까지도 남아 있기 때문이다. 원형 탈모가 생기고 은행 간판만 봐도 심장이 두근거리는 시절이 있었다. 자라 보고 놀란 가슴 솥뚜껑 보고 놀란다는 말이 있다. 어려서 개구리를 잡겠다고 흙구멍에 손을 넣었다가 거칠한 두꺼비 등껍질을 만지고 놀란 후에 아직도 나는 두꺼비만 보면 소름이는다. 커서는 은행이 내게 그런 공포가 되어 지금도 은행에 가는 것을 좋아하지 않는다. 은행 업무가 있으면 은행 직원들이 서류를 가지고 사무실로 온다.

빚이 얼마나 무서운 것인가를 알기에 절대로 은행 빚을 지지 않겠다고 마음먹었고 아직 지키고 있지만, 어쩌면 이제 이 트라우마에서 벗어날 때가 온 것 같다. 나는 일반적으로 시중에서 말하는 신용점수가 좋지 않은 사람이다. 사실 좋지 않다고 볼 수는 없지만 금융권에 돈을 빌린 적이 없고 갚은 기록도 없어 신용평가를 할 수가 없다. 그런 내역이 없으면 나쁜 것으로 규정된다. 나는 지난 20여 년간 한 번도 돈을 빌려본 적이 없으니 평가할 근거가 없을 뿐, 다른 한편으로 보면 가장 신용도가 높은 사람일 수 있다. 아마 그래서인지 신용점수가 최악인 동양 남자에게 미국 최대 은행은 덜렁 두 장짜리 서류를 보내주더니 최소 2,000만 달러를 2% 내 이자로 쓸 수 있는 계좌를 만들어줬다. 벌써 이를 받아놓은 지 6개월이 지났지만 아직 한 번도 사용하지 않았다.

사실 부채에는 좋은 부채와 나쁜 부채가 있다. 나는 나쁜 부채를 멀리하겠다는 결심 때문에 좋은 부채까지 밀어내고 있었던 것이다. 이는 경영자나 투자자로서 무능하다고 할 수도 있는 일이다. 내 개인적 트라우마가 사업 스타일에 큰 영향을 미친 것이다. 이 때문에 극히 제안된 보수적 경영이 이어지고 잘못하면 경쟁자나 시장의 평균 이익을 따라가지 못하게 될 것이다. 수많은 대형 회사가 회사에 유보금을 쌓아놓고도 회사채를 발행해 추가 수익을 만드는 것에 익숙하다. 신용이 돈이기에 신용이 있다면 그 신용을 사용할 수 있어야 함에도 나는 그냥 묶어놓은 것이다.

물론 지금도 여전히 나쁜 부채를 사용할 생각은 절대 없다. 그러나 좋은 부채는 이제 사용해도 될 만큼 자랐다. 두꺼비를 다시 만져볼 때가 된 것이다. 회계학의 기준에서 보면 자본과 부채를 합친 것이 자산이다. 단순하게 생각하면 왜 부채를 자산이라고 말하는지 이해가 되지 않는다. 5억 원짜리 집을 4억 원의 융자를 받아 산 사람이, 자기 자산이 5억 원이라고 말하는 것처럼 어폐가 있게 들리기 때문이다. 자산, 자본, 순자산, 재산 같은 단어는 회계적으로는 구분되어 명확히 사용되고 있지만 일반인들은 '모두 갚고 나면 얼마인가'로 생각하기 때문이다.

그래서 빚은 그저 남의 돈이라고 생각하고 가능하면 멀리하려는 게 일반적이다. 사실 돈은 빌리는 순간 내 마음대로 할 수 있는 돈이 된다. 내 마음대로 할 수 있으니 곧 내 자산이다. 내 맘대로 할 수 있는 것을 자산이라고 생각하면 빚도 많아질수록 부자가 되는 것이다. 단지 조건이 붙는다. 이 조건에 맞게 돈을 사용하면 좋은 부채가 되는 것이고 이 조건을 어기면 나쁜 부채가 된다. 사실 부채는 좋은 부채나 나쁜 부채가 원래 정해져 오는 것이 아니고 각 개인이 이 부채를 친구로 만들지, 악당으로 만들지를 결정한다. 부채를 좋은 부채로 만들기 위해서는 다음의 몇 가지 조건이 필요하다.

첫째, 소비에 사용하면 안 된다. 단순 지출, 여행, 채무 변제 같은 곳에 사용하면 나쁜 부채를 더 불러들이게 된다. 반드시 추가 이익이나 자본 확장이 일어날 곳에 사용해야 한다.

둘째, 나에게 일정한 수입이 있고 이후 이 부채로 일정한 수입이 발생하도록 만들어놔야 한다. 아무리 좋은 투자라도 일정한 현금흐름이 보장되지 않으면 숨이 막혀 죽게 된다. 부채가 오히려 숨통을 막아 다 죽게 만들 수 있다. 따라서 내가 부채의 이자를 일정하게 지불할 여력이 있거나 부채 자체가 발생시킨 이익이 이를 대신할 수 있어야 한다.

마지막으로 투자에서 나오는 ROE(자기 자본 이익률)가 내 부채에서 발생하는 이자보다 높아야 한다. 투자 이익이 부채 이익보다 적다면 당연히 이 부채는 나쁜 부채가 된다. 연이율 3%짜리 융자를 받아 연이율 6%짜리 빌딩을 샀다면 이자를 낸 후에는 3%의 수익이 남는다. 만약 회사가 제품을 만들어 30%의 이익을 남기고 있는데 공장을 증설해 돈을 더 벌 수 있고, 이때 5% 이자로 융자를 받아 추가 생산라인에서 25%의 이익을 남길 수 있다면 좋은 부채다. 즉, 싼 이자로 더 비싼 수익을 만들 수 있는 상황이라면 이 빚은 아주 좋은 빚이다.

다시 말해 내 주머니에서 돈을 가져가는 부채는 나쁜 부채고, 나에게 돈을 가져다주는 부채는 좋은 부채다. 내가 통제하지 못하는 부채는 나쁜 부채고, 내 통제 안에서 움직이는 부채는 좋은 부채다.

대기업들이 이런 부채를 이용하지 않았다면 커지지 못했을 것이다. 상장을 하거나 투자를 받거나 은행에서 돈을 빌리며 커진 것이다. 부동산에 투자하는 사람들도 비슷하다. '빚은 절대 안 된다'라는 말은 부채의 기능을 잘 이해하지 못해서 생기는 논리다.

혹 이 글을 "부채는 괜찮은거야"라는 메시지로 듣지 않기 바란다. 부채는 여전히 무서운 것이 맞다. 칼을 다룰 줄 모르면 제 살을 자를 수 있고 잘 사용하면 훌륭한 요리를 만들 수 있는 것과 같다. 그러나 칼은 여전히 위험하기 때문에 조심히 다뤄야 한다. 나도 이제 칼을 쓰러 나가야 할 때가 온 것 같다.

세상의 권위에 항상 의심을 품어라

나는 전문가들을 믿지 않는다. 변호사나 의사, 회계사 혹은 투자 전문가, 은행의 뱅커 같은 전문가들의 의견이나 제안에 언제든 의심을 버리지 않는다. 고위 정치인, 유명 작가, 대기업 경영인, 연예인이 하는 말에 무게를 더 두지도 않는다. 그들이 가는 식당이라고 굳이 찾아가본 적도 없다. 이곳에서 어떤 영화를 찍었다고 자랑한다고 그 동네가 더 아름다워 보이지도 않는다. 나는 생각보다 거만한 사람이다. 유명인이 좋아하는 음식이 내 입맛과 맞는지도 모르겠고 그가 묵었던 호텔방에 내가 묵었다고 해서 내 품격이 더 올라가는 것도 아니다.

그들의 유명세나 세상의 영향력이 내게 개인적인 영향을 끼치지 않는다. 아무리 전문가의 의견이라도 다른 전문가가 다른 의견을 가진 것을 알고 난 후부터는 의사, 변호사, 회계사, 투자 전문가, 종교인들의 모든 의견은 그저 하나의 의견일 뿐이라고 생각한다. 아무리 고급 전문용어로 포장되어 있어도 겁먹지 않는다. 결코 내가 그들보다 잘났다고 생각해서가 아니다. 그러나 내가 그들보다 못났다고 생각하지도 않는다. 이것은 상대적 비교가 아니기 때문이다.

아무리 위대한 정치인이나 유명한 연예인도 자기 밑은 자기가 닦을 것이다. 저명한 학자라도 그와 다른 의견을 가진 그만한 학자가 항상 있고, 시간당 1,000달러를 받는 변호사라고 해도 그의 견해를 반박할 상대가 있으며 경력 많은 의사라도 그와 의견을 달리하는 동료가 많을 것이기에 나는 그 누구의 절대적 권위도 인정하지 않는다.

나는 나 스스로다. 나는 나 스스로 존재하는 사람이다. 나는 독립적 인격체다. 내가 스스로를 이렇게 존중하면 내 안에 나를 사랑하는 자존감이 생긴다. 이 자존감은 다른 사람을 존중하면서도 그 어떤 권위에도 무조건 굴복하지 않게 한다. 사랑하는 부모님도, 존경하는 선생님도, 신부님, 목사, 스님에게조차도 내 자유의지를 넘길 수 없다. 신에게라도 그것을 빼앗길 수 없다. 내가 하나님을 위해 존재하는 것이 아니라 나의 행복을 위해 신도 존재하기 때문이다.

당연히 투자에 있어 은행 직원, 증권사 직원, 투자 전문가, 선배, 혹은 세계 최고 펀드책임자, 은행장, 정부 고위관리 그 누구의 의견도 당신을 대신해 의사결정을 할 수는 없다. 스스로 판단하고 공부하고 결정해야 한다. 투자 문제에 있어 사고팔 때와 전망과 상품을 묻는 것은 하수들의 행동이고 대답을 하는 사람도 하수다. 고수는 물어도 대답을 하지 않는다. 오직 '모른다'가 정답인데, 오직 하수들이 모른다고 말하는 것이 부끄러워 말을 함부로 할 뿐이다.

투자도 공부고 경험이다. 부자가 되고 자본을 모으는 기술은 결국 공부와 경험에서 나온다. 그리고 이 모두를 혼자 스스로 해내야 한다. 남의 의견을 듣고 투자에 성공한 사람은 남의 의견을 듣고 망할 수밖에 없다. 스스로 거물이 되어 남이 당신을 자랑하게 만들어라. 세상의 권위를 존중하되 의심하는 태도를 끝나는 날까지 유지하기 바란다. 절대로 길들여지지 말고 스스로 규칙을 만드는 사람이 되길 바란다. 스스로 규칙을 만들다 보면 규칙이 사라지는 날이 올 것이다.

그날 비로소 당신은 혼자 스스로 서게 된 것이다.

좋은 돈이 찾아오게 하는
일곱 가지 비법

1. 품위 없는 모든 버릇을 버려라. 욕을 하고 투덜거리는 것, 경박한 자세로 앉아 있는 것, 남을 비웃는 것, 지저분한 차림, 약속에 늦거나 변경하는 일 등의 이런 모든 행동은 품위 없는 짓이다.

2. 도움을 구하는 데 망설이지 마라. 묻고 요청하고 찾아가고 부탁하라. 반드시 물음에 답을 주고 도움을 주고 반기는 사람이 있다.

3. 희생을 할 각오를 해라. 작은 목표에는 작은 희생이 따르고 큰 목표에는 큰 희생이 따른다. 공부를 위해서는 잠을 포기해야 하고 돈을 모으기 위해선 더 많은 시간을 일해야 한다.

4. 기록하고 정리하라. 투자내역, 정보, 갑자기 생각난 아이디어, 명함, 사이트 암호들, 구매 기록 등을 모두 정리하거나 기억하라. 이것은 재산이며 동시에 당신을 보호한다.

5. 장기 목표를 가져라. 산을 오르려면 봉우리가 보여야 한다. 즉각적인 자극에 유혹당하지 말고 평생 지킬 만한 가치를 찾아라.

6. 제발 모두에게 사랑받을 생각을 버려라. 눈치 보지 말고 비난에 의

연하고 무리와 어울리는 것에 목숨을 걸지 마라. 진정한 친구는 두 명도 많고 가족의 지지가 모든 것의 기초다. 부정적인 사람과 결별하고 당신보다 나은 사람들과 어울려라.

7. 시간이 많다고 생각하지 마라. 투자는 지금도 늦었고 저절로 수고 없이 느는 것은 나이밖에 없다. 한 살이라도 젊어서 투자하면 한 살이라도 어릴 때 부자가 된다.

직장인들이 부자가 되는
두 가지 방법

우리가 직장에 다니는 이유는 크게 세 가지다. 안정적인 삶에 더 가치를 두고 있다는 뜻이고, 창업에 대한 희망보다 두려움이 더 크다는 뜻이며, 창업 욕망이 있어도 아이디어나 자본이 없기 때문이다. 할 수 없이 직장을 다녀야 한다면 직장인으로 백만장자가 되는 방법은 임원이나 사장이 되는 것이다.

그러나 임원이 되거나 사장이 되고자 할 때 본인이 직장인으로 행동하면 가능성은 거의 없다. 급여를 받고 지시를 받고 정해진 시간에 일하는 피고용인이 아니라 급여를 주고 지시를 하고 시간에 상관없이 일하는 고용주처럼 일해야 한다. 즉, 스스로 1인기업이라 생각하면 된다. 그러면 상사나 회사는 내 고객이 된다. 시키는 일을 하는 피고용인이라고 생각해서는 안 된다.

자신은 '나'라는 비즈니스를 경영하는 경영자다. 기획팀 직원이 아니라 회사와 기획 서비스를 계약한 비즈니스 파트너라고 생각하라. 내 서비스에 만족하면 회사는 계약을 갱신해갈 것이고 비용을 올려도 기꺼이 지불하려 할 것이다. 나를 1인기업의 경영자라고 생각하면 항상 서비스 개선을 위해 고민하고 노력할 것이다. 나로 인해 고객의 수입이 더 발생할수록 나도 수입이 더 발생하고 승진을 이어가게 된다.

사용자 입장에서 보면 한 명의 직원으로 인해 회사 수입이 증가하면 일반 사원의 급여체계를 지불하고 싶어도 하지 못한다. 퇴사하면 걱정이 되고 그가 창업할까 봐 염려되니 결국 동업자 역할을 줄 수밖에 없다. 동업을 할 수 없으면 승진을 시켜서라도 급여나 이익을 나눠줘야 한다. 회사 입장에서 보면 직원은 세 종류다. 급여만큼도 일을 못하는 사람, 급여 정도는 일하는 사람, 급여보다 훨씬 더 많은 이익을 만드는 사람이다. 급여만큼도 일을 못하는 사람은 해고하려 할 것이고, 급여 정도 일하는 사람은 자리를 지키나 승진이 어렵고, 급여보다 많은 돈을 버는 사람은 승진을 시키고 파트너로 받아들인다.

급여보다 많이 버는 사람은 내 기준으로 급여의 최소 세 배의 이익을 만드는 사람이다. 그러면 급여와 회사 이익과 잉여금으로 적당하기 때문이다. 직장 내에서 현실적인 금액으로 세 배의 이익을 내지 못하는데도 승진을 하고 급여가 올라가는 사람들이 있다. 한 사람은 능력이 뛰어나지만 충성도가 없고 다른 한사람은 충성도가 높지만 능력이 모자란다면 사장은 누구를 승진시킬까?

충성도는 필수 요건이고 능력은 선택 요건이기 때문에 능력이 조금 모자라도 충성도가 강한 직원을 승진시킨다. 이유는 간단하다. 충성도 없이 능력이 높은 직원은 성과가 올라가면 올라갈수록 결국 창업을 하거나 동업을 요구할 수준까지 갈 것이기 때문이다. 그래서 평균보다 조금 나은 성과와 충성도만 있으면 막강한 임원 후보군이 된다. 여기에 말뚝을 박을 만한 두 가지 행동만 있으면 어느 직장에 가서도 성공한다.

그중 하나는 보고하는 시간이다. 상사에게 지시를 받고 업무를 끝냈으면 끝냈다는 확인보고를 해주는 것이다. '했으면 그만이지'라는 행동은 상사의 기준에서 보면 하지 않은 것이다. 이 작은 행동이 상사에게 가장 강력한 영향을 준다. 부하직원이 있는 사람들도 이 문제로 가장 힘들어하면서 정작 자신은 상사에게 그렇게 하지 않는다. 상사라도 매번 확인하는 것은 쉽지 않고 본인도 잊어버린다. 그런데 어느 날 자기가 지시한 내용이 보고도 없이 누락되어 있으면 어떻게 될까? 단 한 번만 그런 일이 있어도 일을 못하는 부하로 낙인 찍힌다. 그동안 99% 제시간에 잘 수행한 업무는 의미가 없어진다.

반면 지시를 이행하고 바로바로 확인해주면, 특히 잊고 있던 업무를 마쳤다고 확인해주면 상사의 인식 속에는 믿을 만한 부하로 각인된다. 마지막 마무리는 인사다. 인사가 만사라는 말이 있다. 상사를 어려워하지 말고 엘리베이터에서 만나든 식당에서 만나든 다가가서 인사하라. 이것은 유치원에서 배우는 것이다. 인사를 정중히 한다는 것은 두 인간 사이에 관계가 생긴다는 뜻이다. 관계와 인연이 생겨야 일이 이뤄진다. 영어에 'pushing on a string'이라는 문장이 있다. 내가 줄에 달린 장난감 자동차를 잡아당기면 끌려오지만 반대로 줄을 민다고 장난감 자동차가 밀리지는 않는다. 장난감 자동차는 당길 때만 반응한다. 상사들은 부하들이 자신을 당길 때만 반응하게 되어 있다. 인사가 바로 당기는 줄이다. 상사는 함부로 부하를 끌지 않는다. 충성도가 있는지 없는지 아직 모르기 때문이다.

결국 직장에서의 성공 원리는 아주 간단하다. 자기 일처럼 성실하게 일하고 보고를 바로 하고 인사를 잘하면 된다. 특별히 작은 기업에서는 이 정도만 해도 바로 몇 년 안에 임원이 될 가능성이 있다. 경영자 관점에서 이런 직원은 보석이다. 마음이 저절로 가고 뭐라도 해주고 싶은 마음이 절로 들며 '드디어 내가 후계자를 찾았나' 싶을 정도로 아낌을 주게 마련이다. 그만큼 생각보다 이런 태도를 가진 직원이 없기 때문이다.

임원이 되고 사장이 되면 일반 직장인의 10~20배 이상의 급여 소득을 받고 회사에 따라서는 특별 수당과 스톡옵션 또는 경영 참여를 통한 지분 매입도 가능해진다.

직장인으로 부자가 되는 다른 방법은 투자다. 급여의 20% 이상을 계속 모아서 종잣돈을 만들고 투자를 지속하는 것이다. 직장에서 급여를 받는 사람이 투자를 하지 않고 부자가 될 방법은 부자와 결혼하거나 복권 당첨밖에는 없다.

승진을 통한 성공을 꿈꾸지 않거나 기회가 없다 생각되면 부지런히 투자에 대한 공부를 해야 한다. 투자를 하지 않고 퇴직금만 바라보며 노후를 맞이하려 했다가는 인생 후반기가 비참해질 수 있다. 이 세상에 보장된 직장은 없다. 급여의 20%는 아주 없다고 생각하고 20년 이상 바르게 모으면 대부분 부자로 은퇴할 수 있다. 단, 투자도 치열한 공부 끝에 성공이 온다. 직업이 두 개라 생각하고 끊임없이 경제를 공부하고 관찰해야 한다. 투자를 저축으로 이해하면 안 된다. 저축은 더 이상 투자가 아니다. 적금도 아니다. 보험도 아니다. 물가상승률 이상, 평균 주가지수 이상을 벌어내는 기술을 따로 습득해야 한다. 이 기술이 없을 것 같으면 인사하고 보고 잘하고 당신의 상사를 존중하시길 바란다.

물론 이 두 방법을 모두 실행하면 안정적 직장인이면서도 반드시 백만장자가 될 수 있다는 것을 약속한다.

감독(자산배분)이 중요한가?
선수(포지션)가 중요한가?

축구 경기 승패에 감독의 역할이 더 중요한지, 선수 역할이 더 중요한지에 대한 논란이 있다. 그러나 팀 경기라는 특성으로 봤을 때 감독의 중요성에 대해서는 의문의 여지가 없다. 팀원은 똑같은데 감독이 바뀐 후 뛰어난 성취를 이룬 경우는 2002년 한일월드컵이나 최근 베트남 박항서 감독의 활약을 통해서도 증명됐다.

좋은 선수가 기량을 내려면 전략과 전술을 자유자재로 구사해낼 감독이 필요하고 팀 내부의 역할을 조정해 선수의 능력이 발휘될 수 있도록 해야 한다. 그리고 이건 감독의 역량에 달렸다. 어느 선수가 언제 경기에 투입되고 언제 빠져야 하며 어떤 포지션에서 상대편의 누구와 싸워야 할지를 결정하는 데 감독의 능력이 필요하다. 이렇듯 감독의 판단에 따라 팀의 역량이 달라진다.

자산의 투자도 팀 경기다. 한국의 투자는 자산배분(Asset Allocation)보다는 투자 포지션에만 관심을 갖는 경향이 높다. 어디에 투자할 것인가에 대한 공부와 정보는 많은 반면, 어떻게 자산배분을 할지에 대한 관심도는 떨어진다. 마치 축구팀을 만들었는데 감독이 없어 선수들이 모두 공격수를 하고 있고 골키퍼도 공격에 가담하느라 골문을 비워놓는 경우와 비슷하다. 심지어 주전선수나 후보선수 모두 운동장으로 뛰어나가기도 한다.

원래 자산은 소유자 한 사람의 이름으로 돼 있어도 각기 다른 돈이다. 같은 팀이지만 선수들이 여럿 있는 것과 같다. 돈이 모이는 과정도 다르고 돈 안에 텃세도 있다. 그래서 어떤 돈은 원금이라 부른다. 외국에서 온 용병인 달러와 위안화도 있다. 각기 계약기간도 다르다. 어떤 돈은 1년 안에 나갈 돈이다. 결혼 자금으로 들어갈 예정이기 때문이다. 어떤 돈은 들어와서 다른 돈들을 꼬셔대기도 한다. 3년 안에 집을 사야 하기 때문이다. 어떤 돈은 평생 터줏대감을 할 것이다. 끝까지 살아남아 은퇴와 유산으로 남겨질 돈이기 때문이다.

이처럼 돈은 각기 사연과 목적과 기간이 있다. 때문에 자산배분을 통해 어디에 어떻게 어떤 방식으로 투자해야 좋은지를 투자 전에 먼저 정해야 한다. 이 과정에 대해 고민하지 않는 것은 감독 없이 경기에 나가는 축구팀과 같다. 누구와 어떤 경기를 해도 팀플레이어 한두 명의 개인기를 보다가 끝나게 된다. 아무리 위대한 선수가 있어도 혼자 수비하고 패스도 하면서 경기를 이끌 수는 없다. 당연히 경기에 질 게 뻔하다.

결국 자산배분이란, 현재 자금을 그 목표나 리스크 용인도(risk tolerance)와 투자기간에 따라 배분한 후 투자 방향을 정하는 일이다. 자산의 종류별로 정치적·사회적 여건에 따라 수익률이나 위험성이 변동하기에 특정 자산에 집중하는 위험을 피함으로써 투자자의 목표에 맞는 자산 조합을 만들어야 한다. 이것이 포트폴리오다. 투자자마다 나이나 수입도 다르고 사용 계획이나 기대 수익률도 모두 다르다.

첫째, 나의 재무 상태를 점검하고 둘째, 투자 목적을 명확히 하고 셋째, 리스크 허용한도를 설정한다. 이런 변수를 고려해서 투자 항목에 따른 분류를 해야 한다.

기업의 펀드 관리자들은 아마 투자보다 자산배분이 더 중요하다고 생각할 것이다. 자산배분을 잘하면 투자는 오히려 쉽기 때문이다. 개별 투자 종목의 선정이나 매수, 매도 시기보다도 어느 자산에 어떻게 들어가 있느냐가 수익의 대부분을 만들어낸다.

하지만 현실 투자 세계에서는 선수만 보이고 감독이 눈에 띄지 않아 자산배분 가치의 중요성을 잊고 항상 어느 종목에 투자해야 하는지만 찾는 실수를 하게 된다. 아무리 투자의 천재라도 매번 예측에 성공하고 매도 매수를 잘할 수는 없다. 분배야말로 자산을 유지시켜주는 근원이다.

자신의 포트폴리오를 구성할 때 처음 해야 할 일은 본인의 투자 자금 종류를 정확히 확인하고 이해하는 것이다. 만약 당신이 감독이라면 우리 팀 선수가 누구인지부터 아는 것과 같다. 선수마다 실력도 다르고 장단점이 다르다. 마찬가지다. 돈도 그 용도가 각기 다르고 참을성도 다르다. 어떤 선수를 공격수에 배치할지, 수비수 몇 명을 어떤 방식으로 내보낼지 고민해야 한다. 골키퍼 외에 선수 열 명의 포진을 '4-3-4'로 할지 아니면 '4-2-4' 혹은 '3-5-2'로 할지 상대팀에 따라 경기를 계획해야 한다. 주식에만 100% 투자할 게 아니라 채권이나 부동산, 예금 상품으로 나누고 각 자산을 얼마나 오래 유지할 것인가도 미리 고민하고 각 자산에 따른 기대 이익률도 설정하는 모든 것이 자산배분이다.

나는 투자에 있어 선수보다 감독이 훨씬 더 중요하다고 본다. 아주 극단적으로 표현하면 자산배분을 잘하는 것이 투자 이익의 전부다. 실제로 자산 운용을 잘하는 기금들은 명확한 배분 정책을 갖고 있다. 자금 운용의 첫째 의무는 잃지 않는 것이다. 자산배분 정책이 없으면 언젠가 모두 잃을 수 있다. 그동안 아무리 많이 벌었어도 한 번에 잃을 수 있다.

당신이 투자 상품에 갖는 관심의 아홉 배를 자산배분에 쏟기 바란다.

은행에서 흥정을 한다고요?

"소고기로 드릴까요? 닭고기로 드릴까요?" 기내에서 승무원에게 이런 질문을 받았다고 옵션이 두 개만 있는 건 아니다. "둘 다요"라고도 할 수 있다. 유명 식당에서 '예약 손님 아니면 받지 않는다'고 하면 막판에 취소하는 손님이 있을 경우를 위해 대기자 명단에 넣어달라고 부탁하라. 은행에서 정기적금 이자율이 1.9%라고 인쇄된 용지 안에 동그라미를 그리며 알려주면 2.08% 달라고 요구하라.

무엇이든 제한된 선택권을 제시한다면 그것이 최종 선택권이 아닌 경우가 대부분이다. 때에 따라서는 '선택을 하지 않는 것'도 선택이 된다.

항공사는 닭고기와 소고기의 선호도 비율에 따라 식사를 준비하지만 한쪽이 남는 경우도 많다. 남으면 나중에 가져다줄 것이다. 유명 식당 역시 마지막에 예약을 취소하거나 부득이하게 도착하지 못하는 고객이 일정 비율로 발생할 것이다. 하지만 식당의 품격을 올리기 위해 예약 정책을 고수하고 있는 것이다. 그러니 예약 없이 들어오는 손님에게 자리가 남아 있다는 안내를 공개적으로 할 수 없는 것이다. 정중한 말투와 단정한 복장을 갖추고 대기 좌석을 부탁하면 대부분 자리가 나올 것이다.

이자율 1.9%는 그 은행이 팔고 싶은 가격이다. 하지만 옆 은행이 똑같은 자유 적립식 적금에 2.07%를 주는 것을 알고 있으면 2.08%를 달라고 요청할 만하다. 고객을 잃고 싶지 않은 매니저의 재량에 따라 은행 내부에 그런 예외 규정을 가지고 있다. 외화 환전 수수료도 기본 우대율과 상관없이 내가 원하는 우대율을 제시할 수 있다. 환전 우대율은 은행마다 다르기 때문이다. 우대 환율 90%에 만족하지 말고 원하는 우대율을 제시해보자. 환전수수료 비율이 은행에 따라 1.5%에서 1.9%까지 차이가 나므로 거기서 90% 우대를 한다 해도 차이가 날 수 있다. 미화 만 달러(환율 1,200원 기준)로 1.5% 수수료에 90% 우대 환율과 1.9% 수수료에 70% 우대 환율의 수수료 차액은 5만 400원이나 된다.

억지를 쓰라는 말이 아니다. 선택을 요구받거나 선택을 해야 되는 상황이 오면 답안지 안에서만 선택할 수 있다고 생각하지 말라는 의미다. 억지는 오히려 일을 그르치고 무례한 사람이 되게 하지만 정보에 기반한 요청은 나에겐 이득이 되고 상대에겐 최소한 손해가 되지 않는다. 기내에서 남은 도시락은 어차피 도착하자마자 폐기해야 하며, 식당은 버려질 수 있는 식재료로 품위를 잃지 않고 추가 수입을 얻을 수 있고, 은행은 고객을 하나라도 더 얻을 수 있다. 세상에 모든 것은 흥정할 수 있다는 걸 잊지 말기 바란다.

나의 운명은 나의 선택을 통해 결정된다. 남이 만들어놓은 선택 안에서만 선택해야 한다고 믿으면 내 인생이 아니라 남이 만들어놓은 인생을 살 수밖에 없다. 당연히 선택권을 늘려야 하고 그 선택이 나에게 이익이 되도록 하기 위해 다른 선택지를 요구할 수 있어야 한다. 때때로 선택하지 않아도 되는 선택이 가장 좋은 선택일 수도 있음을 기억하길 바란다.

떨어지는 칼을 잡을 수 있는 사람

떨어지는 칼을 잡기 위해서는 회사의 가격이 아닌 가치를 알고 있어야 한다. 시장의 변동성이 그 가치 이하로 내려가면 분할 매수에 들어가야 한다. 이를 위해서 투자 원칙이 있어야 하고 투자 원칙은 이 회사의 본질 가치를 알고 있을 때 실행 가능하다. 투자 격언이라며 "떨어지는 칼을 잡지 마라"라는 말과 "물타기를 절대 금하고 손절하는 것을 투자 지침으로 삼아라"라는 말을 하는 사람이 많다. 그러나 이 교훈은 기술적 투자 혹은 모멘트 투자를 하는 사람들 얘기다.

가치 투자를 지향하는 사람들은 칼이 떨어질 때가 사야 할 때다. 단지 그런 상황이 실제로 발생했을 때 떨어지는 칼을 잡는 일은 상당히 공포스럽다. 하지만 그때 잡지 못하는 사람은 더 떨어질수록 더더욱 잡지 못하고 결국 투자에서 멀어지게 된다.

하지만 떨어지는 칼을 잡을 때 가죽장갑을 끼고 있으면 어떨까? 여기서 가죽장갑의 한쪽은 분할매수고 다른 한쪽은 회사의 본질 가치에 대한 확신이다. 주식 가격이 하락할 때 공포를 느끼지 않는 투자자는 없다. 전혀 느끼지 않는다고 말하는 사람이라면 내 돈이 아니거나 거짓말이거나 사이코패스 중 하나다. 누구나 공포를 느낀다. 투자는 시장과의 싸움이 아니라 자기 자신과의 싸움이다. 그나마 공포를 덜 느끼기 위해 분할매수를 하고 미수를 쓰지 않고 적정 가치 이하에서 구매를 마쳤다면 경제방송 TV와 주가 모니터에서 벗어날 수 있어야 한다.

시황을 예측하고 구체적인 숫자와 시기를 특정하는 전문가일수록 완벽한 데이터와 논리로 공포를 포장해서 배달한다. 이들은 동일한 상황을 정반대로 해석하고 아침 저녁으로 본인도 마음을 수시로 바꾼다. 역술인들은 한 번에 여러 가지 예측을 우르르 던져놓고 그중에 맞힌 것만 가지고 평가받는다. 16대 대통령 당선자를 노무현이라고 맞춘 역술인은 평생 홍보에 그 자랑을 하지만 15대 때는 이회창이, 17대 때는 정동영이 대통령이 된다고 말한 사실을 본인조차 잊어버렸다.

방송을 보면 자신들이 추천한 아마존이나 넷플릭스를 샀더라면 지금 수천 배를 벌었다며 한 달에 10달러만 보내면 족집게처럼 오르는 종목을 알려주겠다고 광고를 한다. 솔깃하지만 사기다. 그들이 추천한 종목 중에 상장폐지되거나 오르지 않은 종목은 더 많을 것이기 때문이다.

당신이 만 명의 투자자에게 메일을 보낸다고 가정해보자. 그중에 5,000명에게는 오늘 주식이 오른다고 보내주고 나머지 5,000명에게는 내린다는 전망을 보낸다. 다음 날 맞은 예측을 보낸 5,000명에게 다시 반은 오른다고 보내고 반에게는 내린다고 보낸다. 이렇게 일주일 동안 다섯 번을 보내서 남은 312명은 당신을 주식의 신이라 생각할 것이다. 이 312명은 이제 당신이 어떤 사기를 쳐도 믿을 것이다. 수많은 이코노미스트도 별반 다르지 않다. 전망이 1년에 한 번만 맞아도 계속 전문가 노릇을 할 수 있다.

신기한 일이다. 전망이 틀릴수록 이론이나 논리가 너무 정교하다. 듣다 보면 적정 가치와 분할매수의 가죽장갑은 낱낱이 해체되어 손가락을 자르고 손목을 자르게 된다. 그러나 주식 시황 방송을 보고 투자에 성공할 수 있는 사람은 단 한 명도 없다고 단언한다. 시황 분석을 하는 전문가들의 두세 달 전 방송만 돌려봐도 얼마나 의젓하고 품위 있게 예측을 잘못 전달했는지 보게 된다.

제발 매매 중심이 아닌 가치 중심으로 투자를 해석하고 이해하는 투자 방송국이 하나라도 있었으면 좋겠다. 방송국에 전화를 해서 이 주식이 오를지 내릴지를 묻고 대답하는 행위야말로 주식시장의 중요 가치를 허무는 일이다. 증권방송은 하나같이 가격을 예측하고 차트를 분석한다. 기업의 가치를 평가해주지 않는다. 시장엔 거래만 있을 뿐 투자가 없다. 그러니 증권투자를 했다가 망했다는 사람만 득실거리는 것이다.

나는 나이 서른 무렵에 당시 미국에 막 보급되기 시작한 차트 분석 트레이닝 기법을 배워 처음 주식을 해본 적이 있다. 이때의 실수로 전 재산을 날렸고 그 후 20여 년 넘게 주식시장을 가까이하지 못했다. 미래는 항상 새로운 것인데 과거에서 유추한 미래를 그렸다. 과거 데이터를 근거로 투자를 진행하면 수익이 나지만 현재 발생 데이터는 새로운 과거라는 것을 당시에는 알지 못했다. 이것을 알게 됐을 때는 이미 모든 재산을 날린 후였다. 투자가 아니라 투기이자 도박이었다. 잘못 투자를 배우는 바람에 수년 동안 모아온 재산을 날리고 빚을 지고 이후 아까운 20년을 투자도 못하고 허비한 것이다.

떨어지는 칼날을 잡을 용기와 그 칼을 잡았을 때 다쳤던 상처가 아무는 날, 칼날 손잡이를 제대로 잡고 일군 곡식을 베는 추수의 계절이 반드시 온다는 것을 배운 것은 나이 50이 다 되어서다. 이제라도 알게 되어 다행이다. 부디 젊은이들에게 내 실수가 고스란히 경험이 되기를 바랄 뿐이다.

재무제표에 능통한 회계사는
투자를 정말 잘할까?

가치 투자란 성장 가능성이 높은 기업의 주식을 적정 가격에 매입해, 적정 가격을 넘어서면 매도하는 것으로 쉽게 이해할 수 있다. 이때 주식이 적정 가치인지를 알아내는 도구 중에 가장 올바른 것이 그 기업의 재무제표다. 일반인들이 기업의 재무제표를 이해하기는 쉽지 않다. 용어부터 어렵고 봐도 이해가 되지 않기 때문이다. 그렇다면 재무제표를 가장 잘 이해하는 회계사들은 정말 투자를 잘할까?

투자는 정보와 심리로 나뉜다. 재무제표를 이해하고 해석하는 능력은 정보다. 우리는 아마존에서 20달러짜리 아이섀도 하나를 살 때도 상품평에 별 네 개 이상인지 확인하고 어떤 불만이 있는지 들여다본다. 서점에서 만 원짜리 책을 하나 사면서도 서평을 확인한다. 그런데 주식을 살때는 상품평도 서평도 보지 않는다. 검증되지 않은 소문만 가지고도 수천만 원, 수억 원을 배팅하는 비이성적인 결정을 한다.

당연히 주식의 상품평인 재무제표를 읽어봐야 한다. 또한 재무제표는 일종의 기업 성적표다. 재무제표만큼 이 기업이 앞으로 더 성장할 수 있는가를 확인할 만한 것은 없다. 과거와 현재 얼마나 잘해왔는지 확인이 가능하다. 재무제표는 대학 입학을 앞둔 학생의 성적표 같아서 이전에도 공부를 잘했다면 앞으로도 공부를 잘할 확률이 높다는 것을 추측할 수 있다. 당연히 성적이 좋지 않으면 앞으로도 달리 기대할 게 없는 학생이라고 짐작은 가능하니 합격 여부를 결정하는 중요한 기준이 된다. 물론 공부를 잘하는 학생이 졸업 후에 별다른 두각을 보이지 않거나 반대로 지금까지 두각을 나타내지 않는 학생이 크게 성공하기도 한다.

하지만 투자는 확률을 기반으로 성공한다. 실패를 최대한 줄여야 성공 확률이 높아지기 때문이다. 당연히 리스크를 줄이는 것이야말로 성공의 지름길이다. 투자자가 모험을 한다는 것은 투기를 한다는 소리다. 이익이 없거나 손실이 예측되는 회사들을 걸러내기 위해 재무제표의 이해와 공부가 반드시 필요하다.

내가 직접 회사를 운영해보니 성장 초기에는 이익보다 매출이 중요하고 이후에는 당기순이익보다는 영업이익이 더 중요하고, 현금흐름이 좋지 않으면 흑자 도산이 될 수도 있다. 회사의 재무제표에는 이 모든 정보가 담겨져 있다. 당기순이익은 회사의 건물 매각이나 다른 투자를 통해 증가시킬 수 있지만 영업이익이 줄어들고 있으면 근본 사업이 힘들어져서 회사를 야금야금 팔아 운영하고 있다는 뜻으로 해석이 가능하다.

자본은 많은데 현금으로 보유만 하고 사업투자가 이뤄지지 않으면 이 역시 의심을 해야 하고, 반대로 성장이 너무 빨라서 매출은 증가하는데 수익이 발생하지 않는다면 대박일 가능성도 있다. 이런 회사는 시장을 장악하고 이익구조를 개선하면 시장의 독점 강자가 되기 때문이다. 이 모든 것이 재무제표를 이해하고 확인할 때 보인다.

결론을 미리 내보면 이렇다. 나는 주변에 전문직 직업을 가진 사람들이 자기 직업의 특성을 본인에게 사용하지 않은 것을 많이 보아왔다. 갑상선 전문의가 갑상선에 걸리고 변호사인데 사기를 당하고 회계사인데 정작 자신은 소문에 따라 투자하는 경우가 흔하다. 회계사가 일반적인 투자자보다 더 나은 투자 수익을 내고 있다는 근거나 조사는 본 적이 없다. 의사가 일반인보다 더 건강하다는 조사도 없고 변호사가 세상을 더 효과적으로 산다는 보장도 없다.

하지만 원하면 의사가 가장 건강하게 살 수 있고 변호사가 가장 공정한 대우를 받을 수 있으며 회계사가 투자를 가장 잘할 수는 있다. 하지만 일반인과 특별히 다르지 않은 건 전문지식이 필요 없어서가 아니라 투자 시기와 투자 심리를 회계장부가 알려주지 않기 때문이다. 피아노 조율사라고 연주를 잘하는 게 아닌 것처럼 회계사들도 장부를 통해 회사의 품질 검사를 할 뿐이다. 사실을 확인한다고 해서 투자 매수와 매도 시기를 정확히 알 수 있는 것은 아니다.

얼마나 다행인가. 그렇지 않다면 이 세상 자산은 모두 회계사들이 가질 테니 말이다.

물론 품질 검사 결과에 다른 사람보다 빨리 접근할 수 있다면 상당한 투자 이익을 만들 수 있다. 그래서 그 결과를 알 수 있는 상장회사를 감사하는 회계사는 해당 회사에 투자하지 못하도록 법으로 금지하고 있다.

사실 아주 간단한 문제다. 내가 현재 투자한 회사의 현직 사장이라고 가정하자. 그러면 부하직원에게 이번 달 재무제표를 가져와보라고 한다. 자신의 회사 상태를 이해하려면 이 서류를 보고 상황을 파악할 수 있어야 한다. 하루는 정말 사장이 되었다 생각하고 종일 들여다보기 바란다. 그렇게 생각하고 보면 보인다. 자신이 이 회사를 운영한다고 생각하고 회계장부를 들여다보면 장부를 해석할 수 있게 된다.

멋지지 않은가? 주주도 사장이다. 이해가 되지 않는 부분이 있으면 저절로 공부하게 되고 묻게 된다. 이런 능력은 회계사라도 특출나게 더 우수한 것이 아니다. 영문 소설을 읽기 위해서는 알파벳과 단어를 무식하게 암기해야 하듯 회계도 용어와 구성을 공부해야 해석이 가능하다. 부자가 되고 투자자로 살아남고 싶다면 반드시 재무제표를 공부하기 바란다.

나는 나에게 필요한 공부가 있으면 관련 서적을 만화로 쓴 회계학같이 쉬운 책부터 전공도서에 준하는 회계학 책까지 30여 권을 한 번에 모두 산다. 그리고 한 달이고 두 달이고 계속 파고들면서 일정 수준의 지식을 쌓을 때까지 읽는다. 그러면 알아듣고 평가할 수준이 된다. 대학에서 한 과목을 이수하듯 몰입한다. 인생에 한 번은 꼭 해야 할 공부이니 시중에 나와 있는 쉽거나 어려운 회계학 책을 모두 사고 관련 강연도 찾아다니기를 권한다.

김승호의 투자 원칙과 기준

1. 빨리 돈을 버는 모든 일을 멀리한다.

2. 생명에 해를 입히는 모든 일에 투자하지 않는다.

3. 투자를 하지 않는 일을 하지 않는다.

4. 시간으로 돈을 벌고 돈을 벌어 시간을 산다.

5. 쫓아가지 않는다.

6. 위험에 투자하고 가치를 따라가고 탐욕에서 나온다.

7. 주식은 5년 부동산은 10년.

8. 1등 아니면 2등, 하지만 3등은 버린다.

비트코인이 100달러도 안 되었을 때 큰아이가 재미로 투자해서 160달러에 팔았다는 말을 들었다. 나는 이때 무엇이든 빨리 이익이 나는 것은 결국 이익이 아니라고 가르쳤다. 설령 이것에 투자해서 돈을 벌었다 해도 그 돈은 비슷한 이익을 추구하다 결국 사라지기 때문이다. '그렇게 많은 돈을 갑자기 벌면 그때 딱 그만두고 평생 놀아도 되지 않냐고 말하는 사람들도 있지만 한번 그렇게 돈을 벌고 나면 그런 투자만 찾아다니다 결국 모든 재산을 잃게 된다. 이런 뜻밖의 행운은 사업가로서나 투자자로서 마약을 맞는 것과 같다.

이런 마약 주사를 맞으면 절대로 3%, 5% 이익에 관심을 갖지 못한다. 열 배, 스무 배, 100배짜리 이야기에만 관심을 갖게 되고 테마주나 작전주를 찾아다닌다. 사업도 인생을 한방에 바꿔줄 거라 믿으며 사행성 사업이나 보물섬 투자, 금광, 제약주 같은 무지개 구름을 평생 찾아다니게 된다.

이런 행운은 행운이 아니다. 그래서 나는 빨리 무엇인가 이루거나 이익이 많다는 모든 것으로부터 거리를 둔다. 앞서도 이야기했지만 생명을 죽이고 생명을 존중하지 않는 모든 사업에 투자하거나 참여하지 않는다. 생명은 모든 생명과 연결되어 있다. 생명을 함부로 하고 자연을 존중하지 않으면 자연도 다른 생명도 나를 존중하지 않을 것이고 행운은 떠나고 건강과 사람도 떠난다.

투자를 하지 않는 것은 가장 나쁜 투자다. 자산은 무엇인가 항상 투자를 하고 있어야 한다. 물론 투자를 위해 대기하는 자본도 투자다. 그러나 아무 계획도 없고 아무 욕망도 없는 자산은 죽는다. '나는 이만하면 괜찮아', '이 정도 햇빛이면 나는 충분해' 하고 말하는 나무는 없다. 주변 나무가 자라면서 해를 가리면 내 나무의 열매도 떨어지고 나무도 죽기 때문이다. 그래서 가장 나쁜 투자는 아무것도 하지 않는 투자다.

내가 돈을 버는 이유는 시간을 사기 위해서다. 나는 내 자산으로 나의 인생을 나에게 선물한 사람이다. 내가 무엇을 하든, 하지 않든, 모두 내 자유다. 모든 시간을 나를 위해 쓸 수 있으니 무엇이든 공부하고 필요한 모든 것을 구할 수 있다. 주변에 정보를 확인하고 의견을 구할 수 있는 최고의 전문가들을 고용할 수 있는 힘이 생긴다. 자본이 생길수록 투자 대상의 정보의 양과 질이 달라진다. 더 좋은 자산 투자 구조들이 생겨난다. 돈을 벌어 시간을 샀더니 시간이 나를 공부시키고 전문가를 만나게 하고 더 좋은 정보를 얻을 수 있게 해준다. 이 선순환은 계속 돌아갈 수 있다.

나는 부동산을 사든, 주식을 사든, 절대로 따라가지 않는다. 매물에 어떤 호재가 있다 해도 내가 계산한 내 가격대로 제시하고 기다린다. 내가 정한 가격이 내 자본의 크기와 임대 이익률에 기준할 뿐 상대가 부르는 가격은 전혀 중요하지 않다. 내가 제시하는 가격에 모욕을 느끼는 셀러도 있지만 내가 그 가격에 사면 그 모욕을 내가 당하게 된다.

'아님 말고' 정신이다. 주식도 내가 원하는 가격에 다다르면 지정가로 산다. 굳이 쫓아가서 매달리지 않는다. 배당률을 확인하고 적정 가격을 산정하고 한 달이고 두 달이고 1년이고 기다린다. 매번 시장에서 이익을 남길 필요는 없다. 다른 사람의 이익을 나의 손실로 생각하지 않는다. 다음 매물에서 이익을 남겨도 되기 때문이다. 흥정이 오지 않으면 흥정을 하지 않는다. 매정한 애인이다. '아님 말고'다.

젊어서는 가끔 경매장에 가서 의자, 냉장고, 불도저 심지어 말도 사온 적이 있다. 그때도 여전히 내가 원하는 가격을 정해놓고 그 가격을 넘어가면 냉정하게 돌아섰다. 200달러짜리 말을 사온 날도 있고 6만 달러짜리 불도저를 1만 2,000달러에 사온 날도 있다. '아님 말고' 정신으로 말이다.

나는 귀신이나 자연재해 같은 것에 대해 두려움은커녕 오히려 매력을 느낀다. 중학교에 입학하자마자 선배에게 들은 이야기가 있어 토요일 밤 12시에 학교 공동 화장실을 뒤지고 다닌 적이 있다. 빨간 종이나 파란 종이를 주는 귀신이 있는지 궁금했기 때문이다. 손전등 하나 들고 1반부터 10반 교실과 화장실을 다 열어봤지만 귀신은 없었다. 언젠가는 폭풍과 토네이도가 보고 싶어서 진지하게 따라가볼까 하다가 아내의 만류로 그만두기도 했다.

지금도 활화산 터지는 모습과 알래스카 얼음벽이 무너지는 현장을 보고 싶은 마음이 강렬하다. 혼자 산속에서 야영을 하는 것도 무서워하지 않는다. 상상의 공포나 자연이 주는 공포를 느껴보고 싶지만 사실 이런 일은 나에게 그다지 공포심을 주지 않는 게 문제다. 오히려 주식 폭락이 귀신이나 폭풍보다 무섭다. 그런데 이런 불경기나 공황보다 더 무서운 것은 탐욕과 거품이다. 그래서 공포는 살살 따라다니고 탐욕이 오면 멀리 도망간다.

시장이 아무리 좋지 않아도 5년이면 회전한다. 정부도 바뀌고 산업도 바뀌기 때문이다. 부동산은 한번 사면 파는 것이 아니라 배웠다. 팔려는 생각이면 차라리 주식이 낫다. 그래서 10년은 가지고 있어본다. 아직 어떤 것도 판 적이 없다. 지나고 보면 항상 팔지 않기를 잘했다는 생각이 든다. 나는 주식이든 부동산이든 평생 팔 필요가 없는 상품을 찾는다.

어떤 업종이든 그 업종에서 1등이 되면 가격결정권을 가진다. 업계를 리딩하는 사람의 특권이다. 나는 부동산이든 주식이든 1등을 찾는다. 부동산을 살 때는 그 도시에서 가장 비싼 지역을 고르고 주식을 사면 해당 업계의 1등 주식을 산다. 펩시를 사느니 코카콜라를 사고 마스터카드보단 비자를 산다. 웰스파고보단 제이피모간을 사지만 1등을 넘보는 2등도 주목한다. 월마트보단 코스트코와 같이 1등을 괴롭히는 2등에도 투자한다. 늙은 사자를 대신할 젊은 사자가 될 수 있기 때문이다. 하지만 3등에겐 냉정하다. 내 시상대에는 3등 자리가 아예 없다.

자식을 부자로 만드는 방법

문제는 이 방법을 듣고도 대부분의 부모가 자식에게 이 방법을 전달하지 않는다는 거다. 이건 거의 확실하다. 이 비법을 전달하고 응원하는 사람이라면 본인이 이미 그렇게 하고 있기 때문이다.

최근 초중고 장래희망 조사에서 아이돌, 유튜버, 건물주, 운동선수가 나오고 있다. 고학년일수록 교사, 교수, 공무원 같은 안정적인 직업이 아이들의 희망이라고 한다. 결국 이 꿈은 돈을 많이 벌거나 돈을 안정적으로 벌고 싶다는 꿈이다. 만약 자녀가 공부를 그다지 좋아하지 않고, 시키지 않으면 공부를 하지 않는다면 이런 자녀를 위한 근사한 직업이 하나 있다. 이 직업은 고집이 있어야 하고 대항하고 저항하고 '아니요, 싫어요'를 할 수 있는 자녀에게 적합하다. 바로 기업가(Entrepreneur)다.

이런 자녀들에게 이 모든 것을 할 수 있는 직업으로 기업가가 있다는 것을 알려주고 싶다. 기업가가 되면 다양한 직업에 종사하는 사람들을 고용하는 사람이 되거나 그들과 함께 일하는 사람이 된다.

자녀에게 기업가가 되는 법을 가르치려면 어릴 때부터 증권 통장을 하나 만들어주는 것이 시작이다. 중학생 정도면 아주 좋고 대학생 자녀도 좋다. 한두 달 학원비 정도의 금액을 맨 처음 넣어주고 그 금액의 70%로는 한국 최고 기업의 우량주를 사주고 30% 정도는 자녀의 결정에 따라 회사를 고르게 한다. 자녀들이 사용하는 브랜드 중에 그들 사이에서 인기 있는 제품이나 서비스가 제공되는 곳이 있을 것이다. 자녀와 토론을 통해 그런 종목들을 산다. 이 기회를 통해 자녀에게 증권, 브랜드, 회사가치, 배당 같은 경제 용어를 가르친다. 주가가 오르거나 내리면 서로 시황을 놓고 분석도 해본다. 실제로 직접 증권을 사서 자기 계좌에서 일어나는 현금 변화를 보면서 해당 회사들과 경제를 배우는 것과 그냥 이론으로 배우는 것은 천지차이다.

이 방법을 자녀들이 따라오고 흥미를 느끼기만 한다면 그런 자녀들은 사업의 천재로 키울 수 있다. 음악이나 운동 혹은 공부에만 천재가 있는 것이 아니다. 사업도 가르치면 천재가 될 수 있다. 다른 아이들이 애플 사의 새 전화기를 기다릴 때 내 자녀와 애플 회사의 배당정책과 자사주 매입 동향 및 신제품 판매 예상액에 대해 이야기한다면, 이 자녀는 정치·경제·사회의 모든 이면을 바라볼 수 있는 것이다.

놀이도 판돈이 걸려야 흥미가 생기듯 자녀에게 증권세좌가 있어야 이 모든 것이 보인다. 주식 투자는 단순한 투자 문제가 아니다. 사업을 이해하고 국가와 세계 경제를 이해하고 회사의 경영 시스템이 움직이는 것을 현장에서 볼 수 있게 하는 도구다. 한국의 존 리 대표의 제안처럼 사교육비로 돈을 쓰느니 차라리 그 돈을 아이가 어렸을 때부터 증권계좌 안에 넣어두면 아이가 대학 갈 때 학비로 쓸 수도 있고 창업을 할 수도 있을 만

한 돈이 모일 것이다.

만약 자녀가 창업이나 사업을 하고 싶어 하면 그에 맞는 공부도 저절로 찾아서 하게 된다. 그들은 왜 수학이 필요하고 영어가 필요한지 몰랐을 뿐이다. 자기 스스로 대학 교육이 필요하다고 느끼면 대학을 간다 할 것이다. 무엇이든 필요하다고 느끼면 알아서 공부하게 된다. 기업인들의 강연에 데리고 다니고 주주총회에 참여하고 박람회나 기업체 방문을 통해서 경영자의 꿈을 가질 수 있도록 격려하라.

한국 청년들은 창의적이며 뛰어난 실험 정신을 갖고 있다. 그럼에도 부모들은 자신의 실패를 교훈 삼아 오히려 도전을 포기한 삶을 살기를 바란다. 그래서 나온 방안이 결국 공부 잘해서 대기업에 취직하거나 전문직에 안착하는 것을 목표로 주는 것이다. 젊은이들의 가능성은 무한하다. 부모들은 자기 자녀의 가능성을 너무 과소평가하고 있다. 한 젊은이가 마음먹으면 무엇을 할 수 있는지 어떤 가능성이 있는지 감히 짐작도 못 한다.

부모의 포기를 자녀에게 물려주지 마라. 나는 범죄에 연루된 일이 아니라면 아이가 무엇을 하든 상관하지 않는다. 자기가 좋아하고 자기가 하고 싶은 일을 하고 사는 것이 인생이다. 어디까지 갈지 모르는 한 아이가 고작 대기업 직장인이 꿈인 목표에 동참하게 하지 말기 바란다.

이스라엘은 국가와 사회와 대학이 앞장서서 창업을 하겠다는 청년들을 적극 돕는다. 이스라엘 청년들의 꿈은 미국 나스닥 상장이다. 이미 나스닥에는 수도 없는 이스라엘 회사들이 상장하고 있다. 무려 40%의 회사가 이스라엘인 소유다.

왜 한국 청년들은 미국 나스닥 상장을 꿈꾸지 않고 건물주가 꿈일까? 부모의 잘못이다. 이스라엘 사람들은 특이한 도전 정신을 '후츠파' 정신이라고 부르는데 후츠파란 뻔뻔하고 당돌하고 저돌적이고 도전적인 정신을 뜻한다. 당신 자녀와 딱 맞지 않는가?

집안에 뻔뻔하고 당돌하고 말 안 듣고 건방진 자녀가 한 명씩은 있을 것이다. 어려서부터 형식과 권위에 얽매이지 않고 저항하고 따진다면 이 아이가 사업가가 될 아이다. 이런 아이에게 도전과 창업을 격려하고 실패를 두려워하지 않는 문화를 만들어주지 못했기에 유능하고 창의적인 아이들이 안정적인 공무원이나 교사가 꿈이 되어버린 것이다.

자식들의 이번 생일에는 기업가라고 적힌 근사한 명함을 선물해주기 바란다. 자녀가 명함을 가지면 단박에 어른이 된다. 사회적 생산의 한 부분을 감당하는 구성원이기 때문이다. 저축과 투자 계좌를 만들어주고 듬뿍 격려를 하는 것만으로도 아이는 삶에 실체적 도전 정신을 가질 수 있다. 자기가 하고 싶은 것을 하면서 살 수 있고 도전과 실패를 이어갈 수 있는 부모의 지지가 있다면 반드시 성공할 것이다.

빈빈이 실패해도 한 번만 성공하면 된다. 만약 이렇게 자식을 기업가로 응원하고 지원하는 부모가 당신의 부모였더라면 당신도 지금 직장인이 아니라 그 회사 사장이 되지 않았을까?

어느 날 반드시 당신 자녀가 그동안 증권계좌에 넣어준 돈의 수백 배를 돌려주는 날이 있을 것이다.

만약 삼성전자 주식을
아직도 가지고 있었더라면

투자자들이 흔히 하는 한탄이 있다. '그때 그 주식을 팔지 않고 그냥 가지고 있었더라면 지금 떼부자일 것'이라며 아쉬워한다. 당시에는 주식이 두 배나 올라서 횡재를 했다고 팔았지만 그 후에 더 올라가는 주식을, 내가 판 가격보다 차마 비싸게 살 수 없어 포기하고 만 것이다. 삼성전자는 2020년 1월경, 6만 원대에 접근한 적이 있다. 삼성전자 상장 직후인 1975년 6월 12일 수정주가 기준 56원이었던 것과 비교하면 1,063배 오른 것이다.

〈이데일리〉가 마켓포인트에 인용한 기사에 따르면 당시 은마아파트 분양대금을 치를 돈 2,400만 원으로 삼성전자를 샀다면 지금 192억 9,730만 원으로 불었을 거란 계산이 나온다. 여기에 배당액 재투자는 포함하지 않았으니 200억 원이 훌쩍 넘을 것이다. 현재 은마아파트 시세가 20여 억 원이 넘어가니 1000% 이상 차이 나는 셈이다. 계산해보면 아까운 일이다.

하지만 억울해할 필요는 없다. 1975년도에 삼성전자 주식을 가지고 아직도 팔지 않은 사람은 이건희 회장과 그 가족을 제외하면 단 한 명도 없을 것이다. 주인의 마음으로 기다린 사람이 흔치 않기 때문이다. 일반적인 투자 스타일로 보면 단기 투자가와 장기 투자가가 있지만 단기도 초단기 투자가 있고 장기에도 영원히 팔지 않는 투자가 스타일이 있다. 가치 투자자는 좀 다른 분류다. 가치를 기준으로 삼다 보면 단기투자가 되는 경우도 발생한다. 사자마자 급격히 올라서 표준 가치를 넘어가면 보유기간과 상관없이 매도를 해야 할 경우도 생긴다. 나는 주식을 오래 갖고 있는 것이 좋다고 말하지 않는다. 그러나 오래 갖고 있을 만한 주식을 오래 가지고 있는 것은 훌륭한 투자라 생각한다.

앙드레 코스톨라니(André Kostolany, 유럽 증권계의 위대한 유산으로 칭송받는 투자의 대부)도 파란만장했으며 전설적인 장기 투자자인 일본의 고레카와 긴조도 몇 번의 파산을 맞이했었고 피터 린치(Peter Lynch, 금융인, 피델리티 매니지먼트 & 리서치 부회장)는 불명예퇴사를 당하기 전에 스스로 영리하게 걸어 나왔다. 이들 모두 장기 투자자지만 힘든 날이 없던 것은 아니다. 대표적 장기 투자자이자 가치 투자자인 워런 버핏조차도 2020년 코로나 바이러스로 인한 주식시장 붕괴로 큰 타격을 입었다. 여섯 개의 종목이 무려 50% 이상 폭락했는데 버핏의 전통적 가치주 중심의 포트폴리오가 유난히 강한 폭격을 받았다. 11세부터 시작했다는 그의 80년 투자 인생의 막바지, 평생의 명성에 금이 가는 순간이었을 것이다.

나는 거래에 능한 사람이 아니다. 거래에 능하지 못한 사람은 거래를 하면 안 된다. 그래서 자동차를 사기 위해 흥정을 할 때도 적정 가격을 찾아낸 후 세일즈맨에게 최종인수가격(Drive out Price)을 단 한 번만 제시할

수 있다고 말한다. 가격이 마음에 들면 한 푼도 안 깎고 살 것이고 마음에
안 들면 그냥 나갈 것이라고 말한다. 그리고 추가 흥정은 하지 않겠다고
한다. 대부분 이 방법으로 가장 합리적인 가격으로 차를 살 수 있었고 한
시간 안에 차를 가져온 적도 있다.

부동산을 살 때도 거의 같은 방법을 유지한다. 흥정이 완료되었는데
또 다른 이유로 다른 가격을 요구하는 순간 나는 거래를 중지한다. 다시
흥정이 오가는 상황보다 매물을 버리는 쪽을 선택한다. 눈치가 오고 가고
협상을 주고받는 일을 좋아하지도 잘하지도 못하기 때문이다. 이 방식이
거래를 잘하지 못하는 사람이 쓸 수 있는 가장 최선의 거래 방법이다. 그
래서 주식을 매번 사고팔아야 하는 상황도 싫어한다. 한번 사면 오랫동안
거래를 하지 않아도 되는 회사를 고른다. 심지어 평생 팔지 않아도 될 회
사를 좋아한다.

이전에 서로 이웃으로 지내던 두 사람 중 한 사람은 논밭을 팔아 서
울 변두리를 돌며 집 장사를 하면서 돈을 많이 벌었다. 대신 아이들은 학
교를 1년에 한 번씩 옮겨야 했다. 결국 그 돈을 모아 강남 아파트 입성을
마지막으로 투자 인생을 종료하고 보니, 옆집에 살던 가족은 땅값이 올라
그 동네에 100억 원짜리 상가를 올렸다는 이야기를 들었다. 다람쥐가 아
무리 촐랑대도 궁둥이 무거운 곰을 못 이기는 것이다. 사업이든 사람이
든 품성 좋고 성실한 사람을 찾았으면 헤어지지 말고 한평생 잘 살기를
바란다.

국제적 수준의 행동 에티켓과
세계화 과정

중앙대에서 사업가 제자들을 데리고 글로벌 경영자 과정 교육을 2년 간 진행했다. 한국을 넘어 전 세계로 사업을 확장하고 싶은 경영자들이 모여들었다. 이들과 일주일간 미국 로스앤젤레스나 뉴욕에서 현장교육을 위해 미국 업체나 사업 구조 등을 찾아다니는 교육이 있었다.

하지만 막상 현장에 데려오니 한국 굴지의 브랜드 대표들임에도 불구하고 국제적 기준의 에티켓 교육이 전혀 돼 있지 않았다. 그들이 일반적인 선진국 사업가들이 갖고 있는 일상적인 예의를 전혀 갖추지 않은 걸 본 뒤 나는 당황하기 시작했다. 사실 그들의 실수는 한국에서 너무나 자연스러운 행동이고 비난받거나 눈치를 받을 일 없는 행동이었다.

나는 결국 그들의 한국 브랜드가 미국으로 진출하기 이전에 경영자들에게 국제 비즈니스 행동기준을 먼저 가르쳐야겠다는 생각이 들었다. 이름을 들으면 다들 알 만한 회사의 대표들을 유치원생이라고 생각하고 가르치기로 마음먹었다. 대략 이런 것들이다.

식당에 들어서면 안내를 받기 전까지 입구에서 기다려라. 아무 좌석에 먼저 앉지 마라. 길을 걸을 때는 사람과 부딪치지 않게 조심하라. 닿거나 부딪치면 반드시 사과해라. 음식을 먹을 때는 요란스럽게 나눠 먹지 마라. 흘리지 말고 먹어라. 호텔 복도에서는 목소리를 줄여라. 공공장소에서 줄을 설 때는 너무 바짝 다가서지 마라. 밖에서 전화를 받을 때는 조용히 받아라. 남의 집에 방문했을 때는 냉장고를 함부로 열지 마라. 남의 사업장을 방문하거나 미팅이 있을 때면 복장을 갖춰라. 업체 탐방 시에는 슬리퍼를 신지 마라. 식당에서는 팁을 줘라. 한국 식당에서도 팁을 줘라. 식품점에 가서 계산 전에 뜯어 먹지 마라. 카메라를 들이댈 때면 양해를 구하라. 흑인을 보고 놀란 표정을 하지 마라. 못 알아듣는다고 욕하거나 평하지 마라. 여럿이 걸을 때는 한쪽으로 걸어라. 호텔 로비 바닥에 앉지 마라. 호텔 방 안에 옷가지와 가방을 펼쳐놓지 마라. 호텔 방 안을 쓰레기장으로 만들지 마라. 나올 때는 베개 위에 팁을 매일 1~2달러 올려놔라. 머리를 빗고 다녀라. 수염을 기르려면 기르고 밀려면 다 밀어라. 제발 몇 개씩 턱밑에 남겨놓지 마라. 뒷짐 지고 다니지 마라. 소리 내서 먹지 마라. 외국인이 한국말을 하면 한국말로 받아줘라. 몇 살인지 묻지 마라. 뒤따라오는 사람이 있으면 문을 잡아줘라. 여자에겐 반드시 잡아줘라. 웨이터 옷자락 잡지 마라. 트림하지 마라. 귀 후비지 마라. 대화할 때는 눈을 쳐다보고 손으로 입을 가리지 마라. 공공장소에서 화장 고치지 마라. 태극기 나눠주지 마라. 호텔 방에서 김치 먹지 마라.

　이것이 대학 최고경영자 과정의 교육이었다. 이 정도 수준의 잔소리를 하려면 교수라기보다 유치원 선생님이 맞다. 우리는 아직 국제적 수준의 문화 에티켓을 배우지 못했다. 다른 나라 사람을 흉볼 수준이 안 된다. 나는 이제는 제자들과 사업체 참관이나 박람회 참여를 위해 해외여행을 가면 항상 최소한 세미정장을 하고 공항에 나타나게 한다. 옷을 정갈하게 입으면 행동거지도 정갈해지기 때문이다. 우리는 대천 해수욕장에 가는 것도 아니고 태국 파타야에 가는 것도 아니다. 그래서 가기 전에 위에 적힌 수십까지 잔소리를 한다. 모두 성인이고 지식이 있고 직원을 둔 회사의 대표들이지만 그들의 위치에 걸맞은 대우를 받으려면 배워야 하기 때문이다. 이 간단한 에티켓이 자신과 자기 사업체의 품격을 높여준다.

서울에 100만 명이 넘는 외국인이 산다고 하나 우리는 아직 국제 기준의 에티켓을 배우지 못했다. 한국 사업가들이 외국에서도 사업을 하려면 국제 규격에 맞는 행동양식을 배워야 한다. Manners, Maketh, Man(매너가 사람을 만든다). 영화 〈킹스맨〉의 주인공 해리의 유명한 대사다. 미국 콜롬비아 대학의 MBA과정에 참여한 CEO를 대상으로 '당신의 성공에 가장 큰 영향을 준 요인은 무엇인가?'라는 조사를 한 결과 93%가 매너를 뽑았다. 매너는 교육이자, 습관이요, 상대를 존중하고 배려하는 자세다. 국제적 성공도 매너에서 시작된다.

당신의 출구전략은 무엇인가?

회사를 창업하거나 현재 사업을 하는 모든 사람은 출구전략(Exit Strategy)을 가지고 있어야 한다. 출구전략은 사업 초기부터 계획돼 있어야 방향성을 갖게 된다. 사업을 하면서 출구전략을 전혀 고민하지 않거나 심지어 이런 말을 처음 듣는 사람도 있을 것이다.

우리는 어떤 사업을 시작하면 이것을 평생 할 거라 생각하지만 실제로 평생 동안 할 사업은 생각보다 많지 않다. 사업 환경은 날마다 변하고 나의 재정적 상태나 능력에 따라 변수가 많기 때문이다. 보통 사업은 세 가지 정도의 출구전략으로 나뉜다. 이 세 가지 전략 중에 자신에게 어떤 것이 가장 유용한가에 대한 결정은 자신이 소유한 사업의 지속성장 가능성에 비례한다.

본인의 사업체가 현재 아주 잘되고 있어도 앞으로 몇 년 안에 존속 가능성이 없어지거나 경쟁자가 늘어날 것 같으면 매각을 하는 것이 첫 번째 출구전략이다. 보통 사업을 하는 사람들은 지금 사업이나 장사가 잘되고 있으면 매각을 전혀 생각하지 않는다. 현재 사업이 10년 혹은 30년 후에도 존재할 수 있다면 다른 문제지만 어떤 사업들은 아주 잘돼도 1년 앞을 장담할 수 없다. 주식이 과열되면 팔고 나와야 하는 것처럼 이때는 사업체도 팔고 나와야 한다. 사업체를 팔 때 가장 높은 가격을 받을 수 있는 방법은 당연히 가장 잘될 때 파는 것이다. 그런데 자기가 만든 사업체에 애착이 생겨버린다. 어떤 사람은 본인 이름이나 자녀 이름으로 브랜드를 만들어놓기도 하는데, 내 이름으로 만든 브랜드라도 언제나 팔 생각을 하고 있어야 한다. '나'라는 사람은 내 브랜드보다 고귀한 사람이기 때문이다.

파는 시기를 놓치면 그것이 망하는 것이다. 그러므로 함부로 자기 이름을 사업체에 넣지 말자. 회사에 자신을 투영시키지 마라. 간혹 어떤 회사들은 사업이 잘돼서 매각 요청을 받으면 지나친 가격을 요구하다가 성장률에 둔화기를 맞는다. 더 이상 성장이 이어지지 않는 구간에 다다르면 매매가격은 급격히 떨어진다. 앞으로 더 이상 성장하지 않을 회사를 정상가격에 사고 싶어 하는 사람은 없다. 구매하는 사람은 추가 성장에 대한 욕구가 매입의 가장 큰 이유이기 때문이다. 프랜차이즈로 매장을 100여 개 넘게 키운 회사들이 이런 실수를 많이 한다. 더욱이 매장이 100개가 넘으면 개인이 살 수는 없다. 보통 펀드나 기관이 매입을 하는데 만약에 추가 성장 여력이 없다면 펀드는 살 이유가 없는 것이다. 현재 이익이 많아도 지속성장 가능성을 곱하기 때문에 오히려 매각 가격이 낮아질 수 있다. 사업체는 사업체다. 회사는 내가 아니다. 잘나갈 때 떠날 준비를 해야 한다.

두 번째 출구전략이 유용한 회사는 지속성장 가능성이 높은 회사다. 회사가 산업 안에서 자리를 잘 잡았고 앞으로도 성장 가능성이 높고, 성장을 마친 후에도 오랫동안 수입이 지속적으로 발생할 수 있는 사업을 만들었다면 가장 대표적인 출구전략은 기업공개 IPO(Initial Public Offering) 혹은 큰 기업과의 인수, 합병(M&A)이다. 기업공개를 추진하는 이유는 크게 두 가지다. 회사가 너무 커져서 개인들이 살 수 있는 규모가 아니기에 여러 개인에게 분산해서 팔려는 기업공개가 있고, 증자를 통해 자본 조달 후 더 빨리 시장을 장악하려는 목적의 기업공개가 있다. 전자는 창업자가 팔고 나가려는 의도가 있고 후자는 회사를 키우려는 목적이 있다.

마지막 출구전략은 출구전략이 없는 출구전략이다. 이 전략은 사업체가 대를 이를 정도로 단단하고 강력한 브랜드 파워를 가졌거나 특정 영역에서 시장을 장악하고 있을 때 가능하다. 즉, 해당 사업체를 팔아서 이만한 사업체를 다시 만들 수도 살 수도 없는 경우일 때는 평생 사업체를 운영하며 수입을 만드는 것이 전략이다. 동네를 넘어 전국에서 손님들이 찾아오는 맛집이나 이미 확실한 브랜드 파워를 가진 공산품 기업도 팔 이유가 없다. 대를 이어가도 좋은 사업체다. 이런 사업체를 갖는 것이야말로 가장 최선의 출구전략일 수 있다. 첫 번째 매각 출구전략을 가질 수밖에 없는 사람들의 꿈이 바로 출구전략 없는 출구전략이다.

사업을 하는 사람들은 이 세 가지 출구전략을 놓고 자신의 사업체가 어디에 해당하는지, 앞으로 어떻게 할 것인지를 고민하고 준비해놓아야 한다. 미리 준비하면 이에 맞춰 자신의 사업 방향을 면밀하게 조정해나갈 수 있고 투자 방향과 한계를 미리 계산할 수 있다. 선택한 전략에 따라 설비, 시설개선, 증설, 부동산 매입 등의 큰 결정을 쉽게 할 수 있고 불필요한 자금을 사용하지 않게 된다. 사업을 시작할 때 사업계획서가 있듯이 사업에서 물러설 때도 사업계획서가 필요하다는 것을 기억하기 바란다.

모든 비즈니스는
결국 부동산과 금융을 만난다

그 사업이 무엇이든 사업체가 성장을 거듭해 동네를 벗어나 큰길에 들어서면 두 사람이 기다릴 것이다. 그 둘은 당신 양쪽에 서서 어깨에 손을 얹고 친하게 지내자고 접근할 것이다. 한 사람은 수트 차림에 넥타이를 맸고 한 사람은 잠바 차림에 모자를 썼다. 이 두 사람은 서로 경쟁자인 동시에 동업자다. 이 사람들은 이 바닥의 터줏대감으로, 사업을 더 키우기 위해서는 이 두 사람과 잘 지내야 한다. 이들은 당신의 친구가 될 수도 있고 적이 될 수도 있다. 적이 된다면 사업을 더 키우기란 쉽지 않을 것이다. 친구가 돼도 진짜 친구인지 아닌지는 한참 지난 후에나 알게 된다.

수트 차림에 넥타이를 맨 사람은 금융이고 잠바 차림에 모자를 쓴 사람은 부동산이다.

흔히 생산의 3대 요소가 토지, 노동, 자본이라고들 한다. 농업이 중요시되던 시절에 나온 이론으로 현대식 생산의 3대 요소로 바꾸면 부동산, 사업체, 금융이다. 모든 사업은 부동산을 기반으로 한다. 어떤 사업이든 매장이나 사무실 혹은 공장이 있어야 하기 때문이다.

모든 부동산은 가치를 지니고 있고 이 가치는 정확한 수치로 산출된 실물 금액을 가지고 있다. 실물 가치를 지닌 변동적 자산은 모두 이자를 만들거나 배당을 지불한다. 부동산을 사용하는 사업체가 지불하는 임대료는 배당이나 이익에 해당한다. 임대료를 지불할 수 있는 사업체가 있다는 뜻은 부동산과 긴밀하게 연결돼 있다는 의미다. 임대료를 지불할 수 있다는 것 자체가 부동산을 매입하거나 개발할 수 있는 힘이 있다는 뜻이다. 따라서 부동산 소유자들과 긴장이 생긴다. 부동산 사용자가 될 수도 있지만 부동산 구매자가 될 수도 있는 것이다. 즉, 부동산을 살 수 있는 구매 자격을 가짐으로써 현재 사업체와 부동산을 연결하면 기존 사업 못지않은 지속적 이익 구조를 만들 수 있는 것이다.

결국 사업을 잘해서 어디든 매장을 열어도 임대료를 낼 여력을 가진 회사를 소유했다면 수많은 부동산을 소유할 수 있는 자격이 생긴 것이다. 이때 금융이 도와 융자의 도움을 받으면 회사의 자산 구조에 사업체와 부동산 소유라는 두 가지의 이익구조가 나타난다. 부동산은 상대적으로 사업체보다 안전 자산에 속하기에 수익에 비해 높은 가격에 거래되는 특성이 있다. 수많은 회사가 부동산을 소유할 수 있고 소유하고 있는 이유가 바로 이것이다.

사업체는 시장을 장악하고 성장률을 유지하기 위해 투자금을 모으고 인수합병이나 기업공개를 통한 상장까지 가야 하는 상황에 놓이게 된다. 이 모든 과정에 금융이 관여하게 된다. 투자의 종류와 방향에 따라 금융자본은 회사의 조직과 지분 그리고 이익 배분 방식을 결정하려 하고, 이 협의에 따라 회사는 금융조직과 동업의 길을 걷게 된다.

스타트업 회사와 같은 경우에는 프리-시드, 시드, 시리즈A, 시리즈B와 같이 연쇄적인 투자 진행을 받으며 지분을 희석하는 과정이 있고, 자본의 금액과 성격에 따라서 창업자의 지분 이상을 요구하거나 신주 발행에 관여하는 식의 경영 참여를 하기도 한다. 자본이 회사 안에 들어온다는 뜻은 신용이 자산이 되기 시작했다는 뜻과 동일하다. 이때는 더 이상 창업자가 자기 사업을 잘한다고 해서 모든 것이 끝나지 않는다. 금융조직과 잘 지내고 자본을 이해해야 존립할 수 있는 단계로 넘어간 것을 뜻한다.

수입의 발생 방식은 몇 가지로 나뉜다. 먼저 자신의 노동력이 곧 수입이 되는 임금 노동자나 자영업자가 있으며 다른 사람의 노동력과 자본으로 수입을 만드는 기업가도 있다. 그리고 금융과 합작해 신용을 통해 미리 이익을 현금화하는 방식이 있다. 이토록 사업은 커지면 커질수록 금융과 손을 잡을 수밖에 없다. 금융에 대한 공부가 부족하면 사업체를 아무리 잘 만들었어도 『노인과 바다』에 나오는 늙은 어부 산티아고가 될 수 있다.

산티아고는 너무나 어렵게 멕시코만에서 큰 청새치를 잡아 보트에 매달고 시장에서 높은 가격에 팔릴 것을 기대하며 집으로 향했다. 하지만 청새치의 피가 상어들을 유인했고, 그 상어들이 결국 청새치의 뼈만 남기고 전부 다 먹어 치워버린다. 금융자본에 대한 이해가 부족한 경영자는 누구나 산티아고가 될 수 있는 것이다.

금융은 정교하고 날카로운 칼을 가지고 있다. 이 칼은 언제나 앞뒤를 바꾼다. 필요하면 당신을 위해 당신의 경쟁자들을 물리쳐주지만 상황이 돌변하면 칼이 당신을 향할 수 있다. 살과 뼈를 해체하듯 냉정하게 당신과 당신 사업체를 해체할 수도 있다. 그러나 만약 부동산과 금융이 언제나 당신 편에서 일을 하게 만든다면 확장성과 안정성을 모두 갖춘 사업체를 소유하게 될 것이다. 또한 이렇게 커진 사업체는 규모를 키워나갈수록 부동산과 금융을 발밑에 둘 수 있게 된다. 더 이상 파트너 요구를 하지 않고 부하의 역할만으로도 당신 옆에 붙어 있기를 바라게 된다.

하지만 여전히 방심하면 안 된다. 금융과 부동산은 언제나 세상의 강자였다. 강자에게 약하고 약자에겐 강한 역할을 하며 오랜 세월을 버텨낸 사람들이다. 당신이 방심하는 순간 언제나 발밑에서 칼날이 날아들 것이다. 자신의 사업에만 노력하지 말고 같은 열정으로 금융과 부동산도 함께 공부하기 바란다. 세상에 이름을 낸 모든 경영자는 이 둘을 모두 제압하고 그 자리에 있는 것임을 상기하기 바란다.

똑똑한 사람들이 오히려 음모에 빠진다

똑똑하고 지적 수준이 높은 사람들일수록 음모론에 더 잘 빠진다. 불확실성을 유난히 싫어하기 때문이다. 복잡한 정치요소나 이해하지 못할 경제 환경이 나타나면 이를 설명하려는 사람이 많이 생긴다. 하지만 설명이 분명치 않을 때 음모론은 쉽고 간단한 답이 된다. 종교의 원리주의자들이나 양극단의 보수나 진보 지식인들도 음모론에 쉽게 동화된다.

또한 이들의 지적·학문적 권위를 인정하는 다수에 의해 음모론은 힘을 얻고 대중을 설득하게 된다. UFO, 점성술, 혈액형, 대체의술 등은 여전히 식자들 사이에서 지지를 받고 있다. 『돼지가 철학에 빠진 날』의 저자인 런던 대학교 스티븐 로(Stephen Law) 교수는 우리 주변에 만연한 이런 비합리적인 믿음의 덫을 '지적 블랙홀'이라고 이름 지었다. 우리의 일상 대화 속에까지 이런 비합리적인 믿음과 주장이 범람하고 엘리트들조차 이런 믿음과 주장에 현혹되는 이유는 논리와 이론이 매우 합리적이기 때문이다.

이들은 주변의 이성적 비판에 합리적으로 대응하기보다 자신들의 믿음 체계를 만들어낸다. 사실에 근거한 판단보다 주장에 맞는 근거들만 찾아 점점 자기들만의 세상으로 들어가버린다. 어렵고 복잡한 전문용어들을 나열하거나, 모호한 말로 심오한 무엇인가를 알고 있는 듯 가장한다. 히틀러(Adolf Hitler)의 탄생과 9·11 테러 사건 같은 굵직한 역사적 사건을 모두 예견했다고 하는 중세 예언자 노스트라다무스의 예언도 이런 모호함 때문에 아직 존재하고 있다. 직접적 언급이 없음에도 어떻게든 해석이 가능하기 때문이다. 인간이 달에 가지 않았다는 주장은 과학적 사실을 받아들이는 사람들 중에도 믿는 사람이 많다. 자신들이 옳다 믿으면 그것은 그들에게 일종의 신앙이 된다. 논리나 증거는 더 이상 필요 없다.

1960년대 미국의 역량을 총집결한 아폴로 계획에 직간접적으로 연관된 사람은 75만 명에 달한다. 인간이 달에 가지 않았다는 음모론이 사실이라고 전제했을 때, 그 수많은 사람이 참여한 대형 프로젝트가 진행되면서 그토록 엄청난 비밀이 어떻게 지켜졌는지에 대해서는 반문해보지 않는다. 이런 의심이 확대되자 NASA는 아폴로 11호가 달 표면에 남긴 사각 지지대를 정찰위성(LRO, Lunar Reconnaissance Orbiter)으로 달 상공 24km에서 촬영한 사진을 공개했다. 하지만 음모론자들은 여전히 믿지 않았다.

'평평한 지구 국제 컨퍼런스'(FEIC)라는 단체가 오는 2020년, 지구 평면설(지구는 평평하다는 이론)을 믿는 사람들을 태우고 세계를 항해하는 크루즈선 여행을 계획 중이라고 보도했다. 이들은 직접 배를 타고 나가 지구 평면설을 증명해내겠다고 한다. 어느 시장조사업체에 따르면 미국인의 2%가 지구 평면설을 믿는 것으로 나타났는데 현대 과학에 익숙한 25세 젊은이들이었다. 브라질의 경우 인구의 7%에 해당되는 1,100만 명이 '지구는 평평하다'고 생각하는 것으로 조사됐다. 이들에게 지구 평면설은 놀이나 유머가 아니다. 지구 평면설를 증명하려고 스스로 만든 로켓을 띄우기까지 한다.

1990년대 초 '에이즈를 믿지 않는 사람들'이라는 작은 단체가 인간면역결핍바이러스(HIV)가 에이즈의 원인이 아니라는 주장을 내놓았다. 에이즈는 바이러스가 아니라 영양실조나 허약한 건강 상태 같은 다른 요인 때문에 걸린다는 것이다. 증거도, 근거도 명확치 않았지만 남아프리카공화국의 타보 음베키(Thabo Mbeki) 대통령은 이런 주장에 동조하면서 에이즈 치료를 막기 위한 원조 제의를 거부했다. 음베키가 태도를 바꾼 것은 이로 인해 30만 명 이상의 사람들이 목숨을 잃고 3만 5,000명의 아이들이 HIV 양성반응을 보인 후였다.

한국에도 '약을 안 쓰고 아이를 키운다'는 뜻을 가진 사람들이 모인 네이버 카페 '안아키'가 있었다. 한때 회원 수 6만 명에 달했다. 카페의 설립자는 한의사로, 예방접종을 극도로 불신하고 자연 치유을 강조하여 많은 아이를 사지에 몰아넣은 적이 있다. 이 카페에 모인 부모들의 교육 수준은 평균 이상이었다. 정신 나간 생각을 신봉하는 사람 대부분이 정신이 제대로 박힌 사람들이라는 것이 놀라울 뿐이다.

주식시장에도 이런 음모는 자주 등장한다. 주가가 폭락하면 공매도 세력의 음모론이 떠오르면서 시장을 망가뜨린 범인을 찾으려 한다. "너만 알고 있어"라는 것도 일종의 음모다. 합리적인 생각을 가진 사람이라면 '그 소문이 나에게까지?'라고 생각해야 한다.

주가가 급등하면 세력의 음모라고 생각한다. 큰손과 작전세력이 손을 잡고 개미투자자들을 호도하고 있다고 확신한다. 비정상적인 상황을 해석하는 데 이만큼 쉬운 정답이 없기 때문이다. 비트코인 하나에 30만 달러가 될 것이라든가, 강남 부동산이 반값 이하로 폭락할 거라는 소문은 음모와 희망과 예측이 범벅된 경우다. 누군가 이런 예측에 논리적 데이터를 접목하면 음모는 사라지고 과학적 예측만 남는다. 이런 논리들이 사실인지 아닌지는 그것이 쉬운 말로 설명이 가능한지를 보면 쉽게 구분된다.

상식은 과장, 허구, 왜곡, 사기를 알아볼 수 있는 가장 현명한 도구다. 많이 배운 사람이 더 상식적인 사람이라는 근거는 어디에도 없다. 상식은 지식과는 다른 종류의 능력이다. 사람들 사이의 여러 생각과 의견이 서로 교차하는 지점이 상식이다. 지혜와 지식과 도덕이 교차하는 지점이 상식이다.

그러므로 상식은 역사, 법, 관습, 신앙, 논리, 이성보다 위에 선다. 상식은 별도의 탐구나 공부가 필요 없고 특별한 노력이 없이도 대부분의 사람이 저절로 터득하게 되는 보편적 지식이나 식견이다. 그러므로 상식은 쉬운 말로 표현이 가능하다.

음모에 빠지는 순간, 상식을 벗어난다. 편협한 생각과 지적 우월감이 상식이 들어올 자리를 없애버린다. 유명 대학, 좋은 직업, 뛰어난 실적을 지닌 사람은 특별히 상식을 벗어나지 않도록 더더욱 자신을 살펴야 한다.

사업은 물론이고 인생도 상식을 벗어나는 순간, 패자로 전락하고 좋은 친구들이 떠나고 가난한 괴짜로 인생을 마칠 확률이 높아진다.

사기를 당하지 않는 법

나는 청년 시절에 몇 번을 속은 적이 있다. 당시 나는 절박했다. 미국 초기 이민자들이 그렇듯, 온 가족이 하루 열여섯 시간씩 주당 112시간을 일하던 시기였다. 지치고 힘든 가족들은 모두 예민했으며 말투는 날카로 워졌다. 부모는 늙어가고 아이는 자라는데 달리 희망도 없었다. 중고 옷 가게에서 산 3달러짜리 청바지에 에어컨도 나오지 않는 트럭을 타고 매 일 아침마다 마켓에서 팔 과일을 사러 다니던 나는, 잘만 하면 넥타이를 차고 사무실에서 일할 수 있고 주말에는 가족과 놀러 갈 수 있겠다는 욕심 에 눈이 멀어버렸다.

당시 삼보컴퓨터가 최대주주였던 e머신즈는 저가PC 판매로 미국시 장에서 돌풍을 일으킨 회사로 한국 기업 사상 두 번째로 미국 나스닥 시상 에 상장돼 관심을 모았다.

그는 나에게 상장 전에 만 달러어치 주식을 살 수 있는 특권을 줬다. 당시에 만 달러는 내게 정말 큰돈이었다. 별다른 인연이 없던 나에게 그 런 특혜를 준다 할 때 물러서는 눈이 그때는 없었다. 얼마 지나지 않아 상 장은 폐지되고 주식은 휴지조각이 됐다. 여기서 멈춰야 했으나 무지와 욕심이 다시금 올라왔다.

이때 그는 실시간 주식차트 거래가 미국에서 막 인기를 얻고 있는데 이를 통해 거래 분석으로 돈을 버는 사람들이 늘어나고 있으니 이런 거래 회사를 만들어 수수료를 벌자고 제안했다. 솔깃한 아이디어에 휴지가 된 주식을 소개한 죄도 묻지 못하고, 채소 도매상이 아닌 사무실로 출근한다는 흥분감에 또다시 그 제안을 받아들였다.

증명된 이익이 아무것도 없는데 증권거래 사무실을 열어버린 것이다. 몇몇 고객이 하루종일 욕설을 하며 초치기 거래를 했지만 결과는 모두 참혹했다. 한두 달을 버티지 못하고 손실을 보고 모두 떠나자 결국 혼자 남아 직접 거래를 시작했다. 마치 카지노 딜러가 혼자 카지노를 두는 모습처럼.

자본은 스스로 줄어들었다. 그러자 그 사람은 '이왕 이렇게 된 거 한 방에 크게 벌자'며 주식 옵션거래를 제안했다. 옵션에 대한 이해가 없던 나는 수없이 묻고 다시 물어서 겨우 상품에 대한 이해가 끝나자마자 옵션거래를 했지만 홀짝을 맞추는 도박에 불과했다. 적게 벌고 많이 날리며 수수료를 내는 과정이 반복되면서 결국 모든 자산을 날렸다. 좌절과 실망에 주저앉은 나에게 '외환 거래는 불과 몇백 달러로도 투자할 수 있다'며 재기를 부추겼을 때 이미 바닥까지 가버린 나로서는 저항할 방법이 없었다.

레버리지가 큰 상품인 외환 선물투자는 이익이 마이너스가 날 수 있다는 사실을 몰랐다. 결국 바닥이 아닌 지하실까지 내려간 것이다. 이민 생활 10년, 3,650일의 노력이 빚까지 얻고 끝났다.

한 사람이 이런 식으로 몇 번의 제안을 지속적으로 한 것이다. 모든 게 끝나고 난 다음에도 나는 그가 선한 의도를 갖고 있었다고 생각했다. 이 일로 딱히 그 사람도 이익을 보지 않았다는 생각이 스스로 그를 편들어 주고 있었다. 자기도 검증해보지 않은 아이디어를 내 돈으로 실험해보고 이 실험을 위해 전문용어와 절박함을 이용했다는 것을 알았을 때는 이미 수년이 지난 후였다.

당시 e머신즈 상장은 전형적 공개 출구전략이었고 실시간 차트거래 는 실험 모델이었으며 옵션은 대형 펀드 투자자들의 헤지 모델이었고 외 환은 국제적 전문가 영역이라는 정도를 알게 된 것이다. 나의 무지와 욕 심이 결국 이렇게 만든 것이다. 결국 내가 사기를 당했던 가장 결정적인 원인은 나의 욕심과 무지함이었다.

다행히 나는 그 이후 누구에게도 사기를 당한 적이 없다. 욕심을 부 리지 않고 모르는 영역엔 관여하지 않으면 사기에 노출되지 않는다. 이익 이 많다는 모든 제안에서 물러나고 내가 아는 영역 안에서만 투자를 진행 하면 거의 모든 사기의 위험에서 멀어지게 된다.

내겐 수없는 제안이 끊임없이 들어온다. 거절하면 바보 취급을 당하 는 경우도 있다. 이렇게 좋은 투자를 거절한다는 건 그들에겐 도저히 이 해가 되지 않기 때문이다. 그러나 내가 거절하는 이유는 두 가지다. 이익 이 너무 많고 사업 모델을 내가 이해하지 못하기 때문이다. 내가 이해할 수 있는 사업 모델이 아니라면, 사고가 생겨도 사업을 제어할 수 없고 예 상이익이 많다는 예측은 리스크도 크다는 뜻이다.

사고처럼 한순간 당하는 사기는 생각보다 많지 않다. 누군가에게 사기를 당해본 경험이 있는 사람은 자신의 결과를 복기해보면 이해가 될 것이다. 만약 이해가 되지 않으면 또다시 사기에 휘말릴 수 있으니 특별히 조심하기 바란다.

투자의 승자 자격을 갖췄는지
알 수 있는 열한 가지 질문

1. 투자와 트레이딩을 구분할 수 없는가?

2. 매수와 매도에 기준이 없는가?

3. 있어 보이고 싶은가?

4. 5년간 안 써도 될 돈을 마련하지 못했는가?

5. 수입이 일정하지 않은가?

6. 승부욕이 강한가?

7. 부자가 되면 대중과 함께 살 마음이 없는가?

8. 빨리 돈을 벌어야 하는가?

9. 복리를 잘 모르는가?

10. 이번 달 신용카드 결제대금을 다 갚지 못해 이월시켰는가?

11. 귀가 얇은 편인가?

만약에 이런 질문에 '예'라는 대답이 다섯 개 이상이라면 투자를 절대 시작하면 안 된다. 투자는 고사하고 돈을 제대로 저축하지도 못하는 상황일 것이다. 투자는 동업이고 경영 참여이며, 이 단어는 가치를 따라 움직일 때 쓰인다. 트레이딩은 단순매매다. 사과를 도매상에서 사와 시장에서 파는 것은 투자라고 하지 않는다. 그것은 싸게 사서 비싸게 파는 거래다. 주식에서 시세차를 통해 이익을 남기거나 부동산에서 갭투자나 딱지를 사고파는 것은 투자라고 할 수 없다. 자신이 투자자인지 트레이더인지 구분할 줄 알아야 시작도 할 수 있다. 어떤 방식이 나에게 맞는지 확인하기 위해 많은 돈이 들어갈 수도 있는 상황이다.

매수와 매도에 대해 스스로 기준이 있어야 한다. 남이 만들어준 기준이 아닌 내가 만든 기준이다. 시장에서 가장 바보 같은 질문이 남에게 매수매도 시기를 묻는 것이다. 이걸 묻는다는 건 스스로의 기준이 없기 때문이다. 기준이 없다는 뜻은 투자를 왜 하고 있는지 본인이 본인을 설득하지 못한다는 뜻이다. 이런 사람은 매수를 잘해서 이익이 발생하고 있어도 결코 돈을 벌 수 없다. 매도가 완료되는 순간까지는 이익이 실현된 것이 아니다.

있어 보이는 좋은 자동차를 사야 하고, 명품 가방과 비싼 옷을 산다면 아직 투자 자격이 없다. 부자처럼 보이고 싶을 때 돈을 쓰지 말고, 부자가 되었을 때 돈을 써야 한다. 부자가 되기 전에 모든 자산은 다른 자산을 만드는 데 사용되어야 한다. 품위가 돈을 모아 오기는 하지만 품위와 사치가 동일한 것은 아니다. 실자산에 비해 과도한 품위도 사치다.

투자는 최소 5년은 기다려야 제 가치를 한다. 최소한이란 말에 주목해야 한다. 시간이 없는 돈을 투자하면 그 조급함에 당연한 기회도 놓치게 된다. 5년간은 쓰지 않아도 되는 돈만 투자하고 그럴 돈이 없으면 그런 돈을 만들든지 투자하지 마라.

시간은 인간보다 현명하다. 수입이 일정하지 않은 사람은 결국 투자금을 사용하게 된다. 일정한 수입은 이미 투자한 돈도 보호를 해줄 수 있는 지원군이다. 일정한 수입에서 일정한 돈을 투자금으로 활용하라.

승부욕이 너무 강한 사람은 조그마한 등락에도 흥분하기 마련이다. 투자에 성공하면 모든 곳에 소문을 내서 자랑하느라 밥값으로 이익이 없어지고 실패하면 폐인이 될 수 있다. 투자를 잘하려는 사람은 침착해야 한다. 성공을 해도 의젓하고 손해가 나고 있어도 의젓해야 한다. 투자 시장은 스포츠가 아니다. 상품과 서비스는 대중 안에서 성장하고 죽는다.

대중교통을 이용해보지 않고, 거리의 음식을 먹어보지 않고, 장터에 가본 일이 없으면 시장을 이해하지 못한다. 자가용만 타고 다니고 셰프가 인사를 해주는 식당만 다니고 백화점에서 샤인머스켓과 애플망고만 사 먹는 사람은 성공적인 투자자가 될 수 없다. 둘 다 능숙하게 해야 한다. 여유가 있어도 대중 안에서 항상 자연스러워야 한다.

빨리 버는 돈은 빨리 사라진다. 빨리 돈을 벌려면 눈부신 위험자산을 좇게 돼 있다. 벌어도 결국 물에 던져진 솜사탕처럼 사라지고 만다. 돈 주인에게 욕심이 보이면 돈은 미리 알고 떠난다. 급하게 돈을 벌어 빨리 부자가 되려는 사람은 가장 늦게 부자가 되거나 부자가 영영 되지 못할 확률이 훨씬 크다.

복리는 고모님 이름이 아니다. 복리를 이해하지 못하는 사람은 글을 모르고 대학에 온 것과 같다. 글을 배워 다시 오기 바란다.

신용카드 잔액을 이월시키면서 이자를 내는 사람이나, 5만 원짜리 티셔츠를 사고 6개월 무이자 할부로 지불하는 버릇이 있는 사람은 절대 투자하지 마라. 이자에 대한 개념도 없고 수입을 관리하는 능력도 없고 소비할 자격도 없다. 신용카드를 끊고 직불카드 쓰고 몇 달 굶어야 몸의 투자 체질이 바뀐다. 나쁜 음식에 오래 노출되면 단식을 통해서 체질을 바꿀 수 있다. 신용카드를 사용하는 것은 아주 나쁜 경제활동이다.

사람들은 귀가 얇다는 걸 귀여운 성품쯤으로 생각한다. 귀가 얇은 사람은 본인만 피해를 당하는 게 아니라 가족을 힘들게 하고 가까운 이들에게 피해를 입힌다. 귀가 얇은 사람은 남의 말에 쉽게 넘어가면서 절대로 가족 말은 듣지 않는다. 이해관계가 없는 가장 순수한 충고를 주고받을 수 있는 사이가 가족임에도 택시 운전사의 조언에 따라 투자를 하기도 한다. 자기 주관이 없으면 뭐든 남의 결정을 따라야 하고 책임은 본인이 져야 한다. 스스로 마음의 자립이 생기고 매사에 합리적 의심을 할 수 있기 전까지는 아무것도 하지 마라. 아내나 남편이 허락할 때까지 기다리기 바란다.

두량 족난 복팔분

머리는 시원하게 하고, 발은 따뜻하게 두고, 배는 가득 채우지 말고 조금 부족한 듯 채우라는 말을 '두량 족난 복팔분'(頭凉 足煖 腹八分)이라고 한다. 이 말은 나의 투자 철학이기도 하다. 예전부터 불교 선방 스님들 사이에서 전래되는 생활 규범이다. 한의학에서도 두한족열(頭寒足熱)이라고 해서 머리는 차게 하고 발은 따뜻하게 하라고 권한다.

복팔분이란 배의 80% 정도가 차면 식사를 그치라는 교훈이다. 이 가르침을 따르면 몸의 순환이 좋아져서 달리 병이 생기지 않고 배를 가득 채움으로써 생기는 모든 병을 미리 막아 건강하게 살 수 있다고 한다. 자연의 동물들은 달리 운동을 하거나 건강관리를 하지 않아도 잘 산다. 사람도 두량 족난 복팔분만 지켜도 무리 없이 살 수 있다.

10여 년 전에 일본의 관상학자이자 뛰어난 투자자인 미즈노 남보쿠의 책에서 복팔분의 교훈을 얻은 후 잘 지켜내고 있다. 비단 건강을 위해 음식을 절제하는 것뿐만이 아니라 돈을 벌고 모으고 쓰는 모든 과정에 이 교훈을 적용한다.

돈을 벌기 위해서는 부지런히 발품을 팔아 현장에 다녀보고 알아보고 공부해야 한다. 돈을 쓸 때는 냉철하고 이성적으로 판단한 후에 지출한다. 투자를 할 때는 게걸스럽게 욕심내지 않고 배가 부르기 전에 일어서는 것이 윤택한 삶을 가장 오래 지속할 수 있는 방법이다. 과도한 욕심을 부리지 않는 것이 가장 확실한 이익만 챙기는 것이며 이 원리가 복팔분이다. 투자를 할 때 매수 못지않게 매도도 어렵다. 아무리 매수 타이밍을 잘 포착해 성공했어도 매도에 실패하면 원금까지 잃을 수 있기 때문이다. 매도가 어려운 것은 욕심을 부려서다.

욕심을 절제할 수 있으면 오히려 옳은 매도가 나온다. 100분의 1초짜리 전자시계를 가지고 가장 높은 점수에 정지시켜보려면 100을 넘기기 쉽다. 투자는 100%를 지나면 0%가 될 수 있기에 결국 80%이면 가장 높은 점수다. 복팔분의 교훈을 주식(主食)이나 주식(株式)에서 모두 지키기 바란다.

부의 속성

열심히 산다고 돈을 많이 버는 것이 아니다.

돈을 많이 번다고 부자가 되지도 못한다.

부자가 된다고 행복해지는 것도 아니다.

부는 삶의 목적이 아니라 도구다.

열심히 산다고 모두 부자가 되었다면 이 세상은 이미 공평하게 모두
가 부자가 되었을 것이다. 우리 부모님은 정말 열심히 사신 분들이지만
부자로 은퇴하지 못했다. 열심히 살면 먹고사는 문제는 해결될 수 있겠지
만 정말 부자가 되기 위해서는 열심히 사는 것만으로는 부족하다.

그 이유는 방향성이 옳지 않기 때문이다. 열심히 사는 사람들은 부지
런함이 모든 것을 해결해주는 줄 알고 있다. 일의 양을 늘려 부자가 되려
하지만 일과 저축을 통해 부자가 되는 데에는 한계가 있다.

자산이 스스로 일하게 만드는 법을 배우지 못하고 투자나 시장의 돈
이 움직이는 것에 신경을 쓰지 못한다. 너무 일이 많고 바쁘기 때문이다.
돈을 모으는 방법도, 모아놓은 돈을 불리는 방법도 배우지 못하고 다른 자

산이 올라가는 동안 집 한 채 겨우겨우 마련하고 인생이 끝나버린다. 열심히 일한 죄밖에 없다. 돈을 많이 번다고 부자가 되는 것도 아니다. 부자가 되기 위해서는 버는 돈보다 쓰는 돈을 잘 관리해야 한다. 씀씀이가 크고 사치가 늘면 더 많은 돈을 벌어야 하지만, 급여와 달리 많이 버는 돈은 일정한 수입이 아닌 경우가 많다. 수입이 줄어도 씀씀이는 줄이지 못하니 수입은 모두 지출이 된다. 자산은 줄어들기 마련이다. 부자는 수입 규모에서 나오는 게 아니라 지출 관리에서 나온다. 작은 돈을 함부로 하지 말고 정기적인 지출을 모두 줄여야 한다. 수입 중에서 가장 좋은 수입은 정기적으로 들어오는 돈이고 가장 나쁜 지출은 정기적으로 나가는 돈이다. 매달 자동이체로 나가는 돈은 아무리 사소해도 줄여야 한다. 한 달에 10만 원에 속지 마라. 그 10만 원짜리 뒤에 줄줄이 36개가 달려 있기 마련이다. 3년 계약 360만 원짜리가 10만 원씩 나갈 뿐이다.

부자가 된다고 행복한 것도 아니다. 지킬 것이 많아져 불안하고 걱정이 많아진다. 더 큰 부자를 보면 초라해지고 가난한 사람을 보면 한숨이 난다. 은행에서 지점장이 인사를 안 하면 화가 나고 줄서서 기다리면 짜증이 난다. 가족은 돈을 쓸 때만 모이고 친척들은 갚지도 못할 돈을 빌려달라 떼를 쓴다. 부자의 재산 중에 부정한 수입이나 빼앗은 돈이 들어 있으면 집안을 어지럽힌다. 세금을 착복한 돈은 흉기가 되고 뜻하지 않게 번 돈은 자랑하다 사라질 운명이다.

질이 좋지 않은 돈은 주인을 해칠 수 있다. 항상 좋은 돈을 벌어 자신은 절제하고 아랫사람에겐 너그러워야 한다. 환경미화원, 기사, 식당 직원이나 편의점 알바에게도 항상 감사하는 마음을 가져야 한다. 자신이 큰 부자일수록 세월과 사회에 더더욱 감사하는 마음을 가져야 한다. 작은 부자는 본인의 노력으로 가능하지만 큰 부자는 사회구조와 행운이 만들어주기 때문이다.

도구가 목적을 해하지 않게 하려면 돈을 사랑하고 돈을 다룰 줄 알아야 한다. 돈을 진정 사랑하면 함부로 대하지 않고 지나친 사랑으로 옭아매지도 않으며 항상 좋은 곳에 보내준다. 존중을 받지 못한 돈은 영영 떠나가고 사랑을 받은 돈은 다시 주인 품으로 돌아온다. 그러니 나가는 돈은 친구처럼 환송해주고 돌아오는 돈은 자식처럼 반겨줘라.

돈이 목적이 되는 순간, 모든 가치 기준이 돈으로 바뀌고 집안의 주인이 된 돈은 결국 사람을 부리기 시작한다. 결국 사람이 돈을 대신해서 일을 하게 되며 돈의 노예가 된다.

흙수저가 금수저를 이기는 법

역사에 대해 우리가 크게 잘못 이해하고 있는 게 있다. 역사는 강자들의 이야기로 가득 차 있지만 사실은 약자들의 이야기라는 점이다. 정확하게는 약자가 강자를 이긴 기록이다.

인간이 감동하고 희열을 느끼는 것은 약자가 강자가 돼가는 과정이고 이 과정을 승사가 된 이후에 기록했을 뿐이다. 인간은 약자가 강자를 이길 때 희열을 느끼고, 약자에 자신을 투영하여 강자를 쓰러뜨릴 때 대리 만족을 느낀다. 실제 역사를 들여다보면 약자가 강자를 물리친 경우는 허다하다. 조조의 수십만 대군을 화공으로 제압한 삼국지의 적벽대전이나 이순신이 지휘하는 조선 수군 열세 척이 명량에서 일본 수군 300척 이상을 격퇴한 해전은 모두 약자가 강자를 이긴 사례다.

보스턴 대학의 이반 아레귄 토프트(Ivan Arreguin-Toft)교수는 19세기 이후 강대국과 약소국의 전쟁 200여 건을 분석한 결과를 내놓았다. 결과를 보니 약소국이 이긴 경우가 28%에 달했다. 3분의 1이 약소국의 승리였다. 1950~1999년 동안에는 약소국의 승전율이 50%를 넘겼다. 게릴라전 같은 변칙 전술이 발전한 것이다.

세계 최강 미국도 베트남전쟁에서 졌다. 마찬가지로 기업 세계에서 약자가 강자를 이긴 이야기는 너무도 많다. 사실 전부라 해도 과언이 아니다. 우리가 이미 알고 있는 모든 기업은 약자였다. 월마트, 마이크로소프트, 애플, 스타벅스, 아마존, 구글, 테슬라와 같은 초대형 회사들도 불과 10~20년 전만 해도 약자였다. 한국의 최대 기업인 삼성도 대구에서 마른 국수를 팔던 아저씨 가게에서 시작했다. 국수에 별 세 개를 그려 넣은 '별표국수'가 국수가게를 벗어나며 삼성이 된 것이다. 서울에서 '경일상회'라는 가게로 쌀장사를 시작한 청년이 차린 회사가 현대다. 진주에서 포목상을 하던 구 씨와 사돈인 허 씨가 직접 가마솥에 원료를 붓고 불을 지펴 국내 최초의 화장품 '동동구리무'(럭키크림)를 만들면서 커진 회사가 LG다.

우리는 이미 강자의 모습만 보기 때문에 그들이 전에는 약자였고 당시 강자들을 이기고 그 자리에 올라선 것을 상상하지 못한다. 이들은 하나같이 기존 시장의 강자 전략과 차별화하여 1등을 무력화하며 그 자리에 올랐다. 강자는 강자이기에 갖고 있는 약점이 있다. 그 약점 때문에 싸움이 불가능해 보이는 약자와의 싸움에서 엄청난 강자들이 번번이 넘어가버린다.

강자들은 그 규모 자체가 커 변화를 알아차리는 데 시간이 오래 걸린다. 알아도 실행이 더디다. 이런 이유 때문에 약자가 전략을 바꾸고 빠른 속도와 실행력으로 도전하면 성공 확률이 높은 것이다. 약자가 계속 약자로 머물거나 강자가 되지 못하는 가장 큰 이유는 강자를 이길 생각을 하지 않아서다. 기싸움에서 이미 지고 있기 때문에 도전의식이 생겨나지 않고 도전할 마음이 없으니 실행도 하지 않는다.

아프리카 호저(몸무게 13~27kg의 쥐를 닮은 당찬 동물)는 사자를 무서워하지 않는다. 사자에게 진다는 생각을 하지 않기 때문이다. 하이에나도 사자가 잡은 먹이를 빼앗아 먹으며 산다. 이들의 집요함과 물러섬 없는 도전에 사자조차 먹이를 내주고 만다.

생각을 바꾸면 강자야말로 약자의 밥이다. 이들이 보지 못하는 곳이나 부족한 부분을 찾아 개선하고 도전하는 일은 약자가 훨씬 더 잘할 수 있다. 강자를 겁낼 이유가 전혀 없다. 나 역시 사업 초기에 이미 있던 거대한 경쟁자를 겁낸 적이 없다. 그들의 시장을 대신할 아이디어가 많았고 작은 조직이라서 재빠르게 움직일 수 있었기 때문이다. 불과 하나의 매장으로 시작한 우리 회사가 3,000개의 매장을 가진 회사와 경쟁해나갈 수 있던 것은 우리가 작다는 것을 생각하지 않았기 때문이다. 그리고 3,000개 매장을 가진 회사를 우리의 시장으로 이해했기 때문이다.

2018년 10월 16일 토론토에서 전 세계 몇 개 회사와 합병 관련 회의를 마치고 최종적으로 합병 결정을 마친 바로 그 시간, 참석자 중에 한 명이 우리 경쟁 회사의 기사가 떴다며 기사 내용을 알렸다. 15년 가까이 우리 회사 때문에 성장에 발목이 잡혀 있던 그 큰 회사가 결국 매각된 것이다. 내가 전 세계 11개국에 3,000개가 넘는 매장과 8,308명의 직원을 고용한 글로벌 외식기업의 대주주가 되던 순간, 업계의 전설이던 상대 회사 오너는 출구전략을 통해 경영자 지리에서 내려온 것이다. 그는 끝까지 멋진 경영자였다. 우리 회사 때문에 애를 많이 먹고 얼마나 힘들었는지 잘 알지만 단 한 번도 부정한 방법이나 도의를 어긋나는 행동을 하지 않고 경쟁을 이어갔다. 멋진 경쟁자가 역사 속으로 사라진 것이다.

우리가 약자이던 시절에 나는 무서움이 없었다. 그러나 언젠가 이름도 모를 작은 회사가 독특한 아이디어와 열정을 가지고 발목을 잡는 날이 있을 것이라는 것을 안다. 이제 공격만 하면 되던 우리의 시절은 지나갔다. 방어와 공격을 같이해야 하는 강자가 된 순간, 자칫 방심하면 약자에게 쓰러질 것이라는 사실을 알고 있다. 우리를 쓰러트릴 회사는 강자가 아닌 약자이기 때문이다.

흙수저는 금수저를 두려워할 필요가 없다. 금수저이기 때문에 갖고 있는 장점이 단점이 되기도 한다. 덩치가 큰 코끼리나 기린은 한번 주저앉으면 일어나기가 어렵다. 반면 여우는 그사이에 열 번도 더 뛰어다닐 수 있다. 차별적 변화를 찾아 빨리 움직이는 것은 약자만의 장점이다. 아무리 힘이 센 남자도 두 눈을 똑바로 뜨고 윗옷을 벗어던지며 달려드는 남자와 싸워 이길 수 없다.

생각을 바꿔보면 약자가 강자의 밥이 아니라 강자가 약자의 밥이다. 결국 강자는 이미 가지고 있기에 강자가 아니며, 강자가 되겠다고 마음먹은 사람이 강자인 것이다. 역사는 언제나 그렇게 흐른다.

당신 사업의 퍼(PER)는 얼마인가?

주가수익비율이라고 하는 PER는 어떤 주식의 주당 시가를 주당순이익(EPS)으로 나눈 수치다. PER는 주식시장에서 회사 가치를 측정하는 데 중요한 자료다. 주가가 1주당 수익의 몇 배가 되는가를 나타내는 말로 '이 회사의 1년 이익의 몇 년 치가 회사 총액과 같은가'라는 말도 된다. 즉, 기업의 주가가 시장으로부터 어떤 평가를 받고 있는지를 나타내는 지표다.

예를 들어 어떤 기업의 주식 가격을 한 장에 5만 원이라고 가정하고 1주당 수익이 5,000원이라고 하면 그 기업의 PER는 10이 된다. 10년 치 이익과 주식 가격이 같기 때문이다. PER가 높다면 주당이익보다 주식 가격이 높다는 뜻이고 반대로 PER가 낮다면 주당이익보다 주식 가격이 낮다는 것을 의미한다.

회사의 PER가 높다는 의미는 회사의 가치가 고평가되어 있다는 의미로 앞으로 성장이 기대되고 지속적 사업 가능성이 높아 미리 높은 가격에 판매하고 있다는 뜻이 된다. 반대로 PER가 낮다면 이 회사가 아직 인정을 받지 못했거나 사업성이 믿음직하지 못하다는 해석이 가능하다. 이런 PER 개념을 아직 상장하지 않은 자신의 일이나 사업체에 적용해보면 흥미로운 결과가 나온다.

가령 세 사람의 1년 수입이 동일하게 1억 원이라고 하자. 한 사람은 시장 입구에서 식당을 운영해서 수익을 얻고 있고, 한 사람은 인기 학원 원장님으로 같은 수익을 얻는다. 마지막 사람은 음반 판권 수입으로 수익을 얻고 있다. 이들의 연 수입은 모두 같지만 수입의 근원이 어디서 오느냐에 따라 숨어 있는 추가 자산이 다르다.

식당 사장님은 자신의 매장을 매매할 경우 3년 정도의 권리금을 받을 수 있다. 경기에 영향을 받지 않고 오래전부터 시장 안에서 유명한 집이라면 5년 치도 받을 수 있다. 음반 판권을 가진 사람은 이 판권의 10년 치를 받을 수도 있다. 식당 주인보다 권리금이 더 비싼 이유는 판권 주인은 거의 일을 하지 않고 오랫동안 지속적 수입을 만드는 것이 가능하기 때문이다. 즉, PER가 올라간다. 학원 원장님은 PER가 0다. 이유는 원장님이 그만두면 학원은 운영이 되지 않기 때문이다.

사장이 팔고 나가면 수입이 없어지는 회사를 살 사람은 아무도 없다. 이처럼 수입의 발생 근원이 얼마나 안정적으로 얼마나 지속할 것인가에 따라 PER는 높아지고 안정성이 사라진 소득은 PER가 제로가 되는 것이다. 의사, 변호사, 인기 강사, 연예인, 트레이너, 운동선수, 유튜버, 음악가, 방송인, 작가와 같이 우리가 흔히 선망하는 직업의 대부분은 PER가 낮거나 아주 없는 사람들이다. 상대적으로 PER가 높은 직업은 그 직업으로 돈을 버는 것이 아니라 그 직업을 가진 사람들을 고용해서 돈을 버는 경영자들이다. 특정인의 영향력이 사라져도 운영이 가능한 조직을 구성해야 높은 PER가 나온다.

식당이라고 모두 PER가 같은 건 아니다. 동일한 순이익을 내는 매장이라 가정하자. 인기 셰프에 의존하는 식당보다 주방에서 정해진 레시피에 따라 누구나 만들 수 있는 음식을 가진 식당이 PER가 높다. 주인이 일을 하지 않아도 매장이 운영될 수 있는 식당이라면 PER는 더 올라갈 것이다. 즉, 관여도가 적은 상태에서 얼마나 오래 사업할 수 있느냐에 따라 PER는 움직인다. 정말 다양한 사업이나 직업이 많지만 자신의 PER가 얼마인지 한 번도 고민해보지 않은 사업자가 정말 많다. 강연에서 PER에 대해 이야기하면 특히 전문직종이나 학원 선생님들이 충격을 받는다. 다른 직업에 비해 고소득자라 걱정하지 않고 있다가 현실적 숫자에 놀라버리는 것이다.

PER를 늘리지 않으면 아무리 많이 벌어도 일을 그만두는 순간 수입이 사라지기 때문에 장래를 걱정하지 않을 수 없다. 이미 높은 월수입에 자신의 지출 수준이 맞춰져 있어 조금만 수입이 줄어도 불안해지지만 달리 저축을 할 수도 없는 상황이 대부분이다. 사실 PER가 없는 사람들의 특성은 일반사람보다 개인 능력이 뛰어나서 수입이 높은 편이다.

특히 유명 운동선수, 연예인과 같이 특별히 월등한 수입을 만드는 사람들은 이 수입이 상당히 한시적이라서 남들이 인생 전체에 걸쳐 버는 돈을 몇 년 만에 몰아 번다고 생각해야 한다. 자신의 수입 규모가 평생 스타 대우를 받을 때와 같다고 생각하면 절대로 안 된다. 그래서 초특급 연예인들이 건물을 사서 임대수입을 받으려 하는 것이고 다소 인지도가 낮은 연예인들이 식당을 차리거나 사업을 하는 것이다.

자신의 직업이나 사업에 PER가 없다면 지금부터라도 PER가 높은 쪽으로 본인의 수입을 옮겨놓아야 한다. 연간 1억 원을 버는 학원 원장님은 1억 원이 자기 수입이라고 생각하면 안 된다. 1억 원 중에 아끼고 저축해서 어딘가 투자된 돈이 매달 만드는 자신의 진짜 수입이다. 만약 몇 년을 모아 오피스텔을 하나 사고 50만 원의 임대를 받게 된다면 그 50만 원이 온전한 PER이자 살아 있는 진짜 자기 수입이다. 이런 고품질의 PER를 지닌 수입을 한 달에 1,000만 원이 나올 때까지 만들어가야 지금 수준의 소비 생활을 마음껏 할 수 있는 것이다. 한 달에 50만 원 버는 사람이 1,000만 원 버는 사람처럼 살면 안 된다. 노동이 투여되지 않고 생긴 고정적인 정기 수입이 자신의 진짜 수입이기 때문이다.

개인의 경제활동에서는 자본에서 생긴 돈만이 내 돈이다. 수입은 높지만 낮은 PER를 가진 직업이나 사업체를 가진 사람은 자신의 생활 수준을 바꿔야 한다. 이를 바꿔 적극적인 재산 이동을 통해 하루하루 자본이익을 만들어내야 한다. 당신의 수입은 진짜 수입이 아니었다.

이 이치를 이해하지 못하거나 받아들이지 않으면 당신의 노후가 사라져버린다. 아무리 연간 수입이 높아도 결국 끝은 같다. 현재 자신의 수입에 방심하지 말고 스스로에게 높은 PER를 줄 수 있는 경제활동을 독려하기 바란다.

큰 부자는 하늘이 낸다

어느 자리에서 누군가에게 이런 질문을 받았다.

"작은 부자는 근면함에서 나오고 큰 부자는 하늘이 낸다(小富由勤 大富由
天)'라는『명심보감』의 글귀가 있는데 동의하시는지 의견을 듣고 싶습니다."

그 질문에 나는 동의한다고 말했다. 하지만 그 동의에는 덧붙일 말이
좀 있다. 만약 그 질문의 의미 속에 '그럼 부자는 정해져 있는가?'라는 뜻이
담겨 있다면 내 대답은 '아니오'다. 정해져 있기 때문에『명심보감』의 말에
동의하는 것이 아니라 정해져 있지 않기에 동의하는 것이기 때문이다.

근면함으로 작은 부자가 나오는 것은 분명 맞는 일이다. 그러나 큰
부자는 천명을 받아 선택된 사람이 되는 것이 아니다. 거기서부터는 운이
다. 나는 여러 번 실패한 후에 한 번의 성공으로 이 자리까지 왔다. 나름
많은 경험을 했고 자칭 타칭 선생 노릇을 하며 수천 명의 사업가 제자들
에게 사업의 도를 가르쳐왔다. 이런 내가 만약에 다시 망한다면 아무것도
없는 바닥에서 다시 이 자리까지 올라올 수 있을까?

아니다. 나는 나의 부지런함과 사업을 보는 안목의 힘으로 작은 부자
로 살 수는 있어도 그 이상을 넘어가는 것은 아무것도 자신할 수 없다. 한

번 사업에 성공한 사람이 다른 사업을 또 성공시키는 비율은 처음 사업에서 성공하는 사람들의 비율보다 그다지 높지 않다. 만약 하늘의 뜻을 받은 사람이 부자가 되는 것이라면 함부로 살아도 다시 부자가 되는 운명을 가졌단 얘기다. 이 말을 반대로 하면 큰 부자는 본래 하늘의 뜻에 달려 있기 때문에 하늘의 뜻을 타고난 사람이 아니면 아무리 노력해도 큰 부자가 되지 못한다는 얘기가 된다.

이런 절대적 운명을 믿는 사람들은 재벌의 사주를 풀이해보고 개명을 하고 미신에 절을 한다. 개명이 유용한 것은 개명을 할 정도로 새 마음 새 사람으로 태어나겠다는 결심을 돈독히 하는 것에 의미가 있는 것이지 이름에 담긴 뜻이나 의미가 다른 인생을 주는 건 아니다. 개명으로 인생이 바뀐다면 세상의 이름이 대부분 비슷할 것이다.

부자가 되는 운명이 따로 있는 것이 아니라 부자가 되는 상황이 있는 것뿐이다. 열심히 노력하고 성실하고 근면한 것은 부자의 요소일 뿐이다. 정말 큰 부자가 될 때는 우연히 마침 그날 그 자리에 내가 있었기 때문이다.

내가 사업에서 성공한 것 역시 운이다. 이 사업이 시작되고 확장되는 시기에 내가 그 도시에 있었기 때문이다. 그래서 이것이 실력이 아니고 운이라고 말하는 것이다. 만약 실력이라면 나는 언제고 어느 도시에서든 다시 성공할 수 있는 대단한 사람이란 뜻이다. 하지만 나는 그런 사람이 못 된다. 내가 다른 사람보다 대단한 것은 딱 한 가지다. 그것이 운이라는 것을 알고 있다는 점이다. 이것이야말로 주어진 부에 대해 항상 감사하고 겸손해져야 하는 근본적 이유다.

창업을 꿈꾸는 젊은이는 작은 회사로 가라

자본이 없거나 아이디어가 없어도 창업할 수 있는 방법이 있다. 창업은 가장 부자가 되기 쉬운 방법이자 가장 어려운 방법이다. 누구든지 창업할 수 있지만 성공하는 비율은 아주 낮다. 창업한 회사의 3분의 1은 5년 이상 살아남는다. 그리고 창업의 실패를 줄이고 자본을 모으면서 경영 교육을 받을 수 있는 곳이 중소기업이다.

대기업은 규모가 커서 하나의 부속품처럼 한정된 업무만 다루게 된다. 만약 당신이 반드시 창업을 하겠다고 마음먹은 청년이라면 자신이 앞으로 하고 싶은 직종의 작은 회사를 선택해 들어가기 바란다. 직원이 서너 명 내외로, 직책은 있어도 업무 영역이 구분되지 않을 정도로 작은 회사도 좋다. 회사가 성장하면 성장하는 대로 온갖 것을 배울 수 있고 실패하면 사장님이 망하는 것이다.

관심이 IT이든, 유통이든, 제조든, 작은 회사에 들어가면 무엇이든 하게 된다. 급여를 받으면서 사업 공부를 하는 셈이다. 더구나 작은 회사이니 이런저런 모든 일이 돌아가는 것을 보고 배울 수 있다. 내 일처럼 열심히 일하면 나이가 어려도 승진도 빠르고 회사가 잘 성장하면 곧바로 관리자가 되어 오히려 대기업보다 더 좋은 대우를 받기도 하고 일에 대한 성취감도 충분히 느낄 수 있다. 높은 급여와 좋은 복지를 원하면 당장 대기업에 들어가는 것이 좋겠지만 대신 평생 급여 생활자로 살아야 한다.

돈이 한 푼도 없는 청년도 몇 년 안에 커피숍 매장을 가질 수 있는 비법을 소개하겠다. 동네 커피숍 중에 장사가 잘되는 매장에 들어간다. 그런 매장들은 항상 알바나 직원을 구한다. 취직이 되고 나면 일을 배우자마자 맹렬한 기세로 사장님을 대신할 정도로 열심히 일해라. 마치 자신이 주인이 된 것처럼 시키지 않은 일까지 눈치껏 다 알아서 한다. 고객들이 자신을 보러 오게 할 정도로 일에 애착을 가진다. 결국 매니저 자리를 꿰찬다. 이제 사장님을 내보낼 작전을 짠다. 매니저가 되어 매출도 올리고 직원 관리도 잘하면서 매장에 사장님이 필요 없는 상황을 만든다.

그러면 사장님은 두 가지 행동을 할 것이다. 어떤 사장은 놀러나 다닐 것이고 어떤 사장은 매장을 하나 더 오픈하려 할 것이다. 이 순간부터는 당신이 결정권을 가진 사장과 다름없는 사람이 된다. 사장은 당신이 회사를 그만둘까 봐 겁이 날 것이다. 더 이상 실내 골프장에 다니지 못한다. 2호 매장을 운영할 사람이 없기 때문이다. 협박을 하라는 말이 아니다. 어쩌면 매장 하나를 분납으로 인수할 수도 있다는 의미다. 당신의 열정과 능력을 담보로 사장님과 동업자가 될 수 있는 기회가 생기는 것이다. 이렇게 급여를 받으면서 일과 사업을 배울 수 있다. 또한 자신이 이 일을 잘한다는 것을 알면 혼자서도 언제든 창업이 가능해진다. 그동안 모아놓은 돈과 경험이 창업의 어려움을 없애줄 것이기 때문이다.

나는 다시 태어나도 창업할 것이다. 지금 다시 망해도 창업할 것이다. 아들들이 창업한다 하면 기뻐할 것이다. 실패해도 다시 할 것이다. 창업을 통한 성공만이 흙수저로 자수성가하는 가장 빠른 길이고 유일한 길이기 때문이다. 내가 나를 고용해서 내 맘대로 나에게 맘껏 임금을 주고 싶다. 나는 대기업에 들어가 인정받은 대가로 내 인생을 넘기고 싶은 생각이 추호도 없다. 내가 스스로 나를 인정해주고 내 인생을 나에게 주고 싶다.

나는 도전을 좋아하고 자의적으로 일하고 싶고 내 창의적인 아이디어가 구현되는 모습을 보고 싶다. 젊은 창업가들은 작은 회사에 들어가서 그 회사를 키우는 경험을 하고 나서 30대에 창업해도 늦지 않다. 20대에는 회사에서 공부하고 30대엔 창업하고 40대엔 번성하고 50대엔 후배에게 양보하고 60대엔 일에서 떠나 삶을 즐기면 그것이 최고의 인생이다.

능구[能久]와 공부[工夫]

나는 내가 무엇을 바꾸고 싶거나 깊은 염원이 있으면 100일을 계속하는 버릇이 있다. 내가 100일 동안 그 행동을 했다는 것은 바꿀 수 있다는 뜻이고 절박하게 노력했다는 뜻이다. 원하는 것을 100번씩 100일 동안 써보는 것은 그것을 나에게 증명해내는 시간이다.

『중용』에 나오는 능구(能久)라는 단어의 구(久)는 지속(duration)을 의미한다. 구체적 기간은 3개월을 뜻한다. 3개월만 무엇이든 꾸준히 하면 본질이 바뀐다는 공자의 가르침이다. 도올 선생을 통해 듣게 된 이 교훈으로 3개월 혹은 100일을 꾸준히 하는 개념이 아주 오래된 가르침임을 알게 됐다.

공부(工夫)는 중국어로 '꽁후우(gong-fu)'라고 발음하며 영어로는 'to study'로 번역되지만 사실은 몸의 단련을 일컫는 말이다. 나는 능구와 공부, 즉 지속적으로 3개월간 내 몸을 단련시키는 일을 해내는 사람은 무엇이든 바꿔나갈 수 있다고 믿는다. 삶에서 가장 중요한 것 중 하나가 실천의 지속이기 때문이다.

누구든지 나를 바꾸고 개선을 하려면 3개월만 지속하기를 권한다.

반드시 다이어트에 성공하고 싶다면 저녁 5시 이후엔 먹지 않겠다고 생각하고 3개월 동안 실행해보자. 담배를 끊고 싶으면 3개월을 참고 가슴 근육을 키우고 싶으면 3개월만 팔굽혀펴기를 하자. 주식을 배우고 싶거든 3개월 동안 관련 유튜브 영상 수백 개를 모조리 뒤져보고 관련 서적을 독파해보자. 그것이 무엇이든 전문가 수준이 되고 싶다면 3개월만 죽어라 파보자. 3개월이면 몸도 마음도 생각도 바꾸기에 가장 좋은 시간이다. 삶을 개선하고 바꿔나가려면 이런 실체적 노력을 일정 기간 동안 하는 것이 가장 좋다. 이 과정으로 습관이 생긴다. 건강 전도사로 불리는 아놀드 홍은 벌써 수년 동안 '100일의 약속'이라는 주제로 일반인의 건강 습관을 바꾸는 일을 하고 있다. 100일만 운동을 가르치고 독려하면 그들의 인생이 바뀐다는 믿음이다.

구체적으로 아무것도 시도하지 않는 사람은 다음 달이나 내년에 다른 삶을 살 수 있을 거라는 희망을 버려야 한다. 돈을 벌고 투자하는 것도 노력하고 배우고 공부해야 한다. 진지하게 삶을 살아야 겨우 자리를 잡는 것이 인생이다. 우연히 시간 나는 대로 하다가 어쩌다 보니 오는 행운은 행운이 아니라 불행이다. 자기가 만든 게 아닌 행운을 갖고 있으면 언젠간 누군가가 반드시 되찾으러 온다. 무엇이든 열심히 하고 지속적으로 해보자. 어려워도 100일만 해보자. 100일이 어려우니 3개월만 해보자. 능구와 공부, 왠지 당기지 않는가? 제발 당기기 바란다.

아직도 할 사업은 끝도 없이 많다

사업은 하고 싶은데 막상 하려면 할 사업이 없다는 사람들이 있다. 나는 내 수첩에 메모해놓은 사업거리가 수십여 개다. 이 중 거의 대부분은 자본이 그다지 많이 필요하지 않은 것들이다. 평소에 내가 불편하다고 생각하거나 생활에서 개선이 필요하다고 생각하는 것들이 모두 사업거리가 되므로 할 사업이 없다는 말은 사실이 아니다.

이 세상에 필요한 사업은 이미 모두 있는 것 같겠지만 내 생각은 반대다. 아직 없는 것이 더 많다. 설령 있으면 또 어떤가? 기존의 사업자들이 잘하지 못하는 것도 사업거리고 이미 다른 사업자들이 실패한 사업도 기가 막힌 새 사업거리일 수 있다. 내가 메모해놓은 신규 사업들은 이런 것들이다. 공개하는 이유는 내가 어떻게 새 사업 아이템을 찾는지 보여주기 위해서다.

언젠가 일본에서 태평양이 보이는 조지시(銚子市)라는 도시를 후배들과 다녀온 적이 있다. 아침마다 해변가를 산책했는데 바다에 떠밀려온 나무들이 여기저기 보였다. 나는 평소에 나무 테이블을 만드는 취미가 있는데 바닷물에 쩔어서 단단해진 그 나무들이 그렇게 탐이 났다. 아마 세상

어딘가에서 태풍에 뽑혀진 나무들이 태평양을 돌다가 이곳 바닷가로 흘러 왔을 것이다. 재주 많은 목공이라면 저런 나무들로 멋진 가구를 만들 수 있다. 이 가구의 브랜드 이름은 '너는 어디서 왔느냐?'로 정했다. 이국의 어느 바닷가에서 자란 나무가 가구가 되었다는 스토리를 담아봤다. 해변에 널부러진 나무조각을 청소하니 스토리와 재생, 환경보호의 현대 산업 윤리와도 어울리는 가구회사가 나올 수 있다고 생각했다.

요즘은 남자들도 화장을 곧잘 한다. 남성 화장품 전문 매장도 가능해 보인다. 여자가 많은 숍에서 물건 고르는 것을 힘들어하는 남자도 많고 남성용품 종류도 제법 많아졌기 때문이다. 이런 아이디어들은 직접 해볼 생각도 있으나 그냥 버릇처럼 구상해보는 경우가 더 많다. 평소 산업에 빈틈이 보이거나 불편한 것들을 적어놨다가 실제로 구현해보기도 한다.

그중 하나가 플라워숍이다. 미국은 특별한 날이 아니어도 일상적으로 꽃을 많이 산다. 슈퍼마켓 제일 앞쪽에는 꽃이 그득하다. 선물용이 아니니 장 보다가 달리 포장도 없이 한 송이, 한 다발씩 카트에 넣는다. 그런데 한국에 가면 꽃집이 보이지 않는다. 시내에는 지하 구석에 전국 꽃 배달 사인을 붙여놓고 주인이 꽃다발 만들 때나 냉장고 뒤에 가둬둔 생화를 꺼내 쓰고 있다. 매장 앞뒤로는 죽지도 팔리지도 않는 나무들이 오랜 화분 위에 올려져 있다. 꽃 한두 송이나 한 다발을 사려면 "얼마짜리 해드릴까요?"라는 질문을 한다.

나는 호텔에 묵을 때도 가끔 꽃을 사다 놓는데 한국에서는 꽃 한 송이 사기가 영 불편했다. 조사를 해보니 한국의 꽃 시장은 경조사 시장 중심으로 되어 있었다. 꽃 소비의 80%가 경조사 시장에 팔려 나가고 개인 소비 시장은 20%도 안 됐다. 그나마 나처럼 즉흥적으로 꽃을 사는 인구는 1.5%도 안 되는 것이다. 미국과 완전히 반대였다. 미국은 80%가 개인 소비 시장이다. 결국 한국에 꽃 매장을 오픈해보기로 했다. 정말 한국 사람들은 꽃을 안 사는지 아니면 유통 시장이 잘못하고 있는지 궁금했다. 매장을 구성하면서 모든 관점을 소비자 입장에서 접근하기로 했다. 소비자가 꽃을 만지고 싶으면 만질 수 있게 냉장고를 오픈 형태로 만들고 가격을 붙이고 aT센터에서 소매점으로서는 처음으로 경매권도 받아서 판매 가격도 소비자가 접근하기 쉽게 만들었다. 좋은 수입산은 직접 수입도 하고 한 송이씩도 팔게 만들어봤다. 약 2년이 지난 현재, 서울에 벌써 열두 개의 매장을 오픈했다. 자신들이 꽃인 줄 이미 아는 10대들 빼고는 모든 연령층과 모든 성별이 편의점처럼 쉽게 들어와서 꽃을 사갔다.

한국인들은 꽃을 싫어하는 것이 아니라 한국 유통 시장이 실수한 것이었다. 꽃으로 선물가게를 운영하고 있었으니 나처럼 꽃을 사고 싶은 사람은 살 데가 없었을 뿐이다. 현재 한국 스노우폭스플라워의 총매출은 소매상점으로 이미 전국 1등이다. 서울 시내에만 300여 개 넘게 오픈할 수 있을 것으로 보인다. 어쩌면 상장도 가능할 모델이다. 사소한 의구심으로 시작한 도전이 근사한 사업으로 자리 잡게 된 것이다.

할 만한 사업이 없다는 사람은 할 만한 사업 아이디어를 보는 눈이 모자란 것이다. 사업은 아직도 끝이 없다. 만약 그래도 못 찾겠으면 이름 앞에 국제라는 단어가 붙은 모든 박람회를 다녀보기를 바란다. 그중에 이제 시작해서 비싼 부스를 구하지 못하고 구석에 사장이 혼자 나와 있는 외국 회사들이 있을 것이다. 한국 판권을 얻든가, 아이디어를 개선하면 그것이 새 사업이다. 할 수 있는 사업은 끝도 없으니 욕심이 있는 창업가들은 눈을 크게 뜨기 바란다.

사업가는 스스로에게
자유를 줄 수 있는 유일한 직업

나는 젊은이들이 대기업에 가는 것이 꿈이라는 말을 믿고 싶지 않다. 나는 그들이 공무원이 되겠다고 죽어라 공부한다는 것이 괴롭다. 대기업에서 가장 큰 성공은 임원이 되는 것이다. 대기업 임원이 급여 생활자의 별이라 하자. 한국경영자총협회의 조사에 따르면 별을 딸 확률은 0.7%다. 1,000명 중에 일곱 명만 임원이 된다. 입사 후 부장 승진까지는 평균 18년, 임원까지는 평균 22년이나 걸린다. 대졸 신입사원 1,000명이 입사하면 부장까지 승진하는 사람이 스물네 명이고 임원까지 오르는 사람은 일곱 명이라고 조사 발표됐다. 이 조사에 의하면 부장 승진 2.4%란 말은 나머지 97.6%가 부장이 되지 못하면서 해고가 되는데 그때 나이가 40대 중반이다. 게다가 해마다 임원 승진 비율도 낮아지고 있다.

언젠가 총영사관에서 휴스턴 지역 지상사 대표들을 초대했다. 대부분 한국 정유산업 관련 자회사 사장들로 한국 본사에서 발령받은 임원들이었다. 놀랍게도 이들은 수조 원짜리 프로젝트를 아무렇지 않게 말하면서도 사적인 이야기를 할 때면 돌아와서 퇴사 후 어떻게 살 것인지에 대해

한결같이 걱정했다. 결국 임원이 돼도 급여 생활자에 불과하다. 임기를 마치면 한국에 자리가 있을지 걱정이 태산이고 퇴직하면 자동차와 아이들 학비는 어떻게 해야 할지 고민이 많았다. 수조, 수천 억 원은 그들 돈이 아니었다.

나는 대기업에 들어가려는 청년들이 이 사실을 전혀 모를 것이라고밖에 생각할 수 없다. 만약 이런 사실을 안다면 어떻게 성공 확률 0.7%에 도전하고 그나마 50세에 은퇴를 해서 차 걱정, 학비 걱정을 하는 인생에 올인 하겠는가. 최고의 지성과 최고의 교육을 받은 사람들이 잠을 쪼개가며 공부해서 정말 이런 취직을 원한 것인지 이해하기 어렵다.

대기업은 더 이상 꿈의 직장이 아니다. 꿈을 빼앗는 직장이다. 정말 평생 자신의 시간을 팔아서 돈을 벌며 살고 싶은가? 사실 평생이란 말도 맞지 않다. 나이 50 전에 명퇴 요구를 받을 것이고 그때 이후론 더 이상 그의 시간을 살 사람이 아무도 없다. 아직 수십 년을 더 살아야 하는데 그 나이에 무엇을 새로 시작하겠다는 말인가? 이것이 정말 당신 인생의 목표인가? 왜 당신은 당신 스스로 자본가나 사업가가 되겠다는 생각을 하지 않는가? 실패가 무서운가? 임원이 될 확률보다 사업으로 성공할 확률이 42배나 높다. 창업 자금이 없어서라면 이 세상 모든 창업자들은 태어날 때 자본을 갖고 태어났다는 말인가? 창업은 원래 돈 없이 작게 시작하는 것이다. 성공확률이 10%만 있어도 도전하는 것이 기업가의 창업 정신이다. 90%는 망한다는 두려움에 망설여지는가? 그렇다면 별이 되어도 나이 50이면 은퇴를 요구받는 자리에 오를 확률이 0.7%라는 걸 다시 상기시켜야 할까?

사업하다 망할 확률 90%가 사실이라 해도 임원이 되지 못할 확률이 14배 이상 높다. 이 비효율적 경쟁에 그렇게 뛰어들고 싶은가? 어제의 나와 경쟁하면서 살고 싶지 않은가? 내 삶의 주체가 내가 되고 싶지 않단 말인가? 이미 직장에 다니고 있어도 직업이 의사이거나 변호사여도 상관없다. 기회가 생기면 무조건 창업하라. 의사라도 의사 자격증을 가진 경영자를 꿈꿔라. 변호사 자격증을 가진 경영자를 꿈꿔라. 누구나 사업가가 될 수 있고 자본가가 될 수 있다. 절대로 대기업 취직을 목표로 한 번뿐인 인생을 넘기지 말기 바란다. 항상 도전하고 탈출을 꿈꿔라. 자신에게 직접 급여를 주고 자신을 평생 고용하고 자신의 시간조차 자신에게 돌려주는 꿈을 꾸기 바란다.

사업가는 자기 인생에 자신을 선물할 수 있는 유일한 직업이다. 한 번밖에 없는 인생에 나를 선물할 수 있는 길이 분명 있다. 부디 여러분의 희망이 공포를 이기기 바란다.

돈마다 품성이 다르다

　돈은 그 돈이 만들어지는 과정에 따라 각기 다른 성격을 갖는다. 돈마다 성향도 있고 기질도 있어서 고집이 센 돈도 있고 배짱이 두둑한 돈도, 물러터진 돈도 있다. 집에 있기 좋아하는 돈도 있고 집 밖에 나가면 절대 들어오지 않으려는 돈도 있다. 한 부모 안에 태어난 자식이라도 각기 취향과 성향이 다르듯 돈도 마찬가지다.

　고된 노동으로 번 돈과 주식 투자를 통해 얻은 수입, 카지노에서 번 돈, 저축에서 생겨난 이자 같은 돈은 똑같은 1,000만 원의 액면가라도 결코 같은 돈이 아니다. 같은 돈이 아니기에 어떤 돈은 죽어라 붙어 있으면서 돈값을 못하기도 하고 어떤 돈은 쉽게 사라지고 어떤 돈은 다른 돈을 불러들이며 어떤 돈은 있는 돈까지 데리고 나간다. 태어나는 방식에 따라 돈에 성격과 성향이 생겨나기 때문이다.

　그래서 돈을 벌 때는 가능하면 품질이 좋은 돈을 벌어야 한다. 품질이 가장 좋은 돈이란 당연히 정당한 방법으로 차곡차곡 모아지는 돈이다. 급여 수입이나 합리적 투자나 정당한 사업을 통해 얻는 모든 수입이다.

자신의 아이디어와 노동을 통해 벌어들인 돈은 내 인생의 유일한 자산인 시간을 남에게 주고 바꾼 돈이라서 가장 애착이 가고 자랑스럽기에 어떤 돈보다도 소중하다. 이런 돈은 함부로 아무 곳에나 사용하지 못하며 이런 돈이 모여 자산이 되어 투자나 저축을 통해 이자를 만들어내면 마치 아들보다 더 예쁜 손자손녀 대하듯 귀해진다.

반면 이런 귀한 돈에 비해 일확천금처럼 얻은 카지노에서 딴 돈은 다음 카지노에서 다른 돈까지 데리고 나가고, 사기로 얻은 돈은 사치와 방탕한 생활을 하는 데 사용되어 인생을 그르치게 된다. 투기에 가까운 투자나 급하게 부자가 되려는 마음으로 무모한 레버리지를 이용해 운 좋게 벌어들인 돈도 남에게 자랑하는 용도로 사용되다가 결국 모든 돈을 데리고 한꺼번에 집을 나가버린다. 때때로 나쁜 돈은 주인을 해하거나 그의 가족을 무너뜨려버린다.

좋은 돈을 모으려면 삶에 대한 확고한 철학이 있어야 한다. 돈의 주인이 좋은 돈만을 모으겠다고 마음먹으면 오히려 저절로 돈이 붙어 있게 된다. 욕심을 부리지 않기에 사기를 당하지 않는다. 행동이 반듯해서 허풍스러운 곳에서 술값으로 돈을 버리지도 않는다. 불로소득을 바라지 않기에 어디 가서 망신을 당하는 일도 없고 공돈을 기대하지 않기에 비굴하지 않아도 된다. 더불어 이런 사람에겐 기회도 더 생기고 행운도 많아진다. 품성이 좋은 자산이 많이 몰려와도 가족을 해치지 않고 뭉치게 만든다. 설령 행운처럼 생긴 자산도 이미 좋은 품성을 가진 돈 사이에 섞이면서 좋은 성품을 지닌 돈으로 변형되어간다.

각기 다른 환경에서 자란 젊은이들이 사관학교에 들어가 그 학교의 규율과 학풍을 배워가며 하나의 가치와 규범으로 동료가 되어 장교로 태어나는 것과 같다. 이렇듯 친구를 가려 사귀듯 돈도 가려 모아야 한다. 그렇게 모으는 돈은 많으면 많을수록 좋다. 견고하게 당신과 당신 가족을 지켜주며 흩어지지 않을 것이다. 그리고 오랫동안 남아 당신의 인생을 지켜주며 부자로서 존중받는 삶을 누릴 수 있게 해줄 것이다.

맨해튼에 비가 내리던 어느 여름날이었다. 저녁 식사를 끝내고 34번가 앞에 있는 100년도 넘은 유물 같은 메이시 백화점에 가족과 함께 들렀다. 백화점 정문 바닥에는 이 회사의 역사를 적어놓은 동판이 하나 놓여 있었다. 얼마나 많은 자본과 재화 그리고 부자들이 이 문을 거쳐 저 동판을 밟고 지나갔을지 상상해봤다. 그런데 그때 40세 정도 되어 보이는 걸인이 동판 앞에 앉더니 부슬비를 그대로 맞으며 지나가는 사람들의 동정을 구하기 시작했다. 도움을 구하는 종이에 쓰인 글을 보니 제법 교육을 받았던 사람인가 싶었다.

이미 늦은 밤인데 저녁도 하지 못했나 싶은 마음에 주머니에 있는 얼마 안 되는 현금을 구걸통 안에 넣어주고 다시 처마 밑으로 돌아와 서 있었다. 몇몇 사람이 주머니 안에서 동전을 꺼내 던져주었고 이후 더 너그러운 인도 여자가 제법 큰 단위의 종이돈을 건네주었다. 그제야 그는 저녁 값이 마련됐는지 일어서서 몇 안 되는 짐을 챙기기 시작했다. 마지막으로 컵 안을 살피던 그는 여러 사람이 준 동전들 사이에서 동전 몇 개를 골라내더니 길바닥에 버렸다. 그리고 도움을 청하는 문구가 적힌 종이판이 비에 젖을까 봐 걱정이 되었는지 배낭과 등짝 사이에 끼고 사라져버렸다.

　그가 사라진 자리엔 3페니(약 11원)가 버려져 있었다. 이후에도 많은 사람이 동판 위를 밟고 지나갔지만 아무도 페니 따위에 관심을 두지 않았다. 나는 비를 맞으면서 몇 걸음 걸어가 젖은 3페니를 손톱으로 집어 손에 담았다. 사실 미국에서 3페니로 살 수 있는 것은 아무것도 없다. 그러나 작은 돈을 함부로 하는 사람은 결코 큰돈을 다루지 못한다는 것을 알기에 보석을 줍듯 소중히 주웠다. 그제야 쇼핑을 끝낸 아내와 아들이 페니 2만 개도 넘게 지불한 운동화 두 켤레를 사들고 나왔다. 나는 오른손 바지 주머니에 넣은 동전 세 개를 만지작거리며 '이 동전들은 돈의 씨앗이다'라고 중얼거리며 두 사람 뒤를 따라 걸어 집으로 돌아왔다.

　사람들이 잘 모르는 사실이 있다. 작은 돈이 사람을 부자로 만들고 큰돈이 사람을 가난하게 만든다는 사실이다. 어쩌면 그 맨해튼의 거지는 10년 전에는 나보다 부자였을지도 모른다. 맨해튼 금융가에서 큰돈을 다루는 일을 하나 실수를 저질러 파산했는지도 모른다. 작은 돈을 함부로 하고 큰돈만 좇다 그렇게 된 것일지도 모른다. 그사이 가난한 이민자로 수없이 실패를 했던 동양인은 맨해튼 5번가에 베란다가 있는 집을 하나 더 사서 주말에 가끔 놀러 오는 부자가 되었다. 작은 돈을 소중히 대했더니 큰돈을 다 데려온 것이다.

가족 안에서 가장 부자가 되었을 때
부모와 형제에 대한 행동요령

형제자매 중에 누구 하나가 부자가 되면 아무도 부자가 되지 못한 것보다 낫다고 생각하지만, 가족들 사이에 의외로 여러 문제가 발생할 수 있다. 국가도 빈부 차가 벌어지면 사회 안전망이 무너지고 긴장이 고조된다. 가족 사이에도 빈부 차가 벌어지면 불화와 서운함과 비난이 난무하게 된다. 나의 독자는 모두 부자가 될 사람이라 믿고 지금부터 여러분이 부자가 되었을 때 부모와 형제에게 어떻게 처신해야 할지를 미리 알리고자 한다. 돈을 버는 규모와 결혼 유무에 따라 조금씩 변화가 있지만 내 경우로 유추해 실수했던 것과 잘한 것들을 수정해서 기록했다.

상황1) 재산 규모가 10억 원 안쪽일 때

이때까지 하지 말아야 할 일은 다음과 같다. 형제들 창업자금을 빌려주는 일, 부모님 집이나 차를 바꿔주는 일.

해야 할 일은 다음과 같다. 부모님을 모시는 올케언니나 형수님에게 명품 가방 사주기, 조카들 대학 입학 때 노트북 사주기, 가족 단체 식사 값

혼자서 내기, 부모님께 일정한 생활비를 정기적으로 드리기.

이런 정도라면 가난을 벗어나 막 부자가 된 경우다. 가족 내에 눈에 띄지 않게 고생하는 여자들이나 조카들을 챙기는 시기다. 가족 내에서도 은근히 질투와 시기가 일어날 수 있기에 고생하거나 소외받는 가족들을 챙겨줘야 한다. 무리하게 사업자금이나 차를 바꿔주는 정도의 일은 아직 이르다. 자신의 자산이 뿌리를 내리기 전에는 목돈이 들어가는 일을 만들지 말고 부모님 생활비 외엔 어떤 비용도 정기적 비용으로 만들면 안 된다.

부모님 생활비는 마치 급여처럼 정해진 날에 반드시 늦지 않게 자동으로 결제되게 만들어놔야 한다. 부모들은 하루라도 늦으면 사업이 안되는지, 혹은 자신들이 뭘 잘못했는지 걱정을 만들어서라도 할 것이다. 항상 같은 날 일정하게 보내고 사업이 커지면 조금씩 금액을 올려야 한다. 용어도 생활비가 아니라 투자배당이라고 바꿔라. 생활비 주는 자식 눈치를 보시지 않게 해야 한다. 자식에게 젊어서 투자한 노력과 가치에 대한 배당이익이라고 설명드리고 낭랑하고 편하게 받으시도록 한다.

또한 생활비를 모으지 않도록 독려해야 한다. 생활비가 일정하게 오지 않으면 불안해서 쓰지 않으신다. 사정이 어려운 다른 자식들이나 손자 손녀를 돕는다고 안 쓰고 모으는 일 없이 직불카드를 만들어 드리고 잔고가 남으면 남은 돈 빼고 드리면 된다. 그러면 월말마다 택시 타시고 커피 사드시고 꽃 사러 다니신 흔적이 통장에 보일 것이다.

형제들의 투자 요청, 주택자금 지원, 생활비 지원 등은 절대 하면 안된다. 아직 물에서 미처 나오지도 않았는데 발목을 잡아 모두 함께 다시 가난으로 빠져들어갈 수 있는 시기다. 혹시 그런 일로 형제간 인연이 끊겨도 안 된다. 아직 당신 자녀와 배우자를 형제나 부모보다 먼저 챙겨야 되는 시기다. 그 돈으로 차라리 형수, 제수, 어머니, 여동생, 누나들에게 고급 가방 하나씩 선물해주는 것이 훨씬 효과적이다. 이 시기는 가족을 지원하는 시기가 아니라 가족을 흩어지지 않게 하는 시기다.

상황2) 재산 규모가 50억 원 안쪽일 때

이때는 부모님의 집을 사주거나, 차를 사주는 시기다. 부모님 용돈 정도가 아니라 생활비 전체를 책임져야 할 시기다. 조카들 학비를 내주는 시기도 됐다. 형제들이 질투하던 시기가 지나 인정기가 왔다. 이때는 이런 큰돈을 써도 행세한다는 소리를 듣지 않는다. 조카들을 챙겨주는 이유는 두 가지다. 조카들을 챙기면 사촌들이 친척이라는 가족 공동체 개념이 명확해진다. 사촌들끼리 잘 어울리고 자주 만나게 된다.

다른 좋은 점은 내 형제자매들이 어려운 부탁을 덜 하게 된다. 자기 자녀들 학비를 내주고, 여행을 보내주고, 입학 때마다 노드북을 바꿔주는 부자 형제가 있다면 터무니없는 부탁을 하지 못한다. 조카들에게 쓰는 비용이 형제들 사업자금이나 보증, 주택자금 지원 등으로 쓰는 돈보다 훨씬 싸고 현명한 지출이다. 이 시기에도 형제들에 대한 지원은 여전히 조심해야 한다.

상황3) 재산 규모가 100억 원 이상 넘어갈 때

이때부터는 형제들 중에 가난한 사람이 있으면 안 된다. 그들이 가난에서 벗어나도록 적극적으로 도와줘야 한다. 그들의 가난은 이제 당신의 책임이다. 형제자매 중에 사업가 기질이 있는 사람에게 사업체를 만들어주고 직책을 주는 시기다. 당신뿐만 아니라 가문이 부자가 되도록 만들어야 한다. 이미 재산 규모가 100억대를 넘었다면 자산이 자산을 만드는 시기다.

부모님을 해마다 여행 보내드리고 부모님의 친한 친구들도 함께 보내느라서 자식 자랑을 부모 친구들이 하게 만들 시기다. 가족과 친척 사이의 봉이 아니라 보험이 되어야 한다. 친지들의 경조사를 지원하고 병원비 들어갈 일이 생기면 당신이 자가 보험사가 되어준다. 그리고 이 일을 모두 배우자를 통해서 해야 한다. 그래야 배우자가 가족 안에서 대우받고 함께 보람을 느낀다.

실패할 권리

이 책을 끝까지 다 읽었는데도 용기도 나지 않고 방향도 모르겠다는 사람이 있을 것이다. 나는 현재 몇 개의 회사를 소유하고 있고 각기 다른 사장들이 회사를 운영하고 있다. 나는 아직 한 번도 내가 지휘하는 사장들이 실패했다고 징계를 해본 적이 없다.

오히려 도전하지 않음을 탓한다. 어떤 경우에는 실패가 내 눈에 보이는데도 그냥 방치하기도 한다. 그 실패가 다음 실패를 막을 수 있거나 아니면 내가 실수를 하고 있을지도 모르기 때문이다. 나는 많은 실패를 경험했고 지금도 여전히 실패를 하면서 산다. 이유는 여전히 도전하기 때문이다.

실패는 권리다. 특히 젊은이의 실패는 특권이 포함된 권리다. 우리 시대가 아무리 성공만을 종용하고 성과 없는 실패에 매정해도 이 세상에 실패 없는 성공이 도대체 몇 개나 된단 말인가? 한 번의 실패 없이 성공을 달리는 사람은 한 번의 실패로 모든 것을 잃을 수 있기에 실패가 녹아들어가지 않은 성공은 아직 성공이 아니다. 콘크리트가 철근 없이 얼마를 버티겠는가?

부모들 또한 자녀들의 실패에 너그러워야 한다. 실패를 오히려 환영해야 한다. 많은 부모가 자신들은 실패했으니 자녀는 실패하지 않았으면 하는 마음을 갖는다. 그 이유로 실패 자체를 하지 못하도록, 도전도 하지 못하게 막음으로써 결국 실패하게 만든다. 실패를 하는 자녀를 두었다는 것은 도전을 하는 자녀를 가졌다는 뜻이다. 창업을 말리고 취업을 부추기는 부모야말로 실패자다. 자신의 두려움을 자녀에게 물려주는 것이다. 부모의 관용만 있어도 자녀들은 다시 도전하고 언젠가 성공할 수 있다.

　　청년들은 절대로 실패를 두려워하지 마라. 실패는 권리다. 오늘도 그대는 실패할 권리가 있다. 실패할 권리가 없는 세상을 상상해본 적 있는가? 젊은이들에게 꼭 지켜줘야 할 권리다. 사람은 누구나 방황하고 좌절하며 성장한다. 단 한 번의 실패도 없이 성공의 문턱에 오른 사람은 없다. 실패는 범죄가 아니다. 무모한 일이라도 끊임없이 도전하라. 모든 성공은 도전하지 않는 자들에겐 항상 무모했기 때문이다.

책이 부자로 만들어줄까?

나는 책이야말로 여전히 삶의 가장 좋은 도구라고 믿는다. 인터넷이나 방송을 통해 더 빠르고 정확한 자료를 찾아낼 수도 있지만 책이 주는 내밀한 정보를 따라갈 수는 없다. 나는 지금도 여전히 한 달에 20여 권의 책을 산다. 관심사가 다양해서 독서량이 많은 편이다. 물리학 이론에 빠지면 관련된 책을 한꺼번에 주문하고 채권이 궁금하면 채권 책을 모조리 산다. 특정 작가에게 빠지면 절판된 책까지 중고를 찾아서라도 구해놓는다.

다행히 나는 책을 상당히 빨리 읽는 편이다. 300페이지 내외의 책은 두세 시간이면 읽는다. 필요하면 밑줄도 긋고 어떤 문장이나 단어를 읽고 나의 의견이 떠오르면 여백에 적어놓는다. 책의 내용과 다른 생각이 떠올라도 그냥 적어놓는다. 제목과 달리 내용이 부실하거나 마음에 들지 않는 책은 굳이 끝까지 읽지 않는다. 나는 작가와 책 제목을 잘 외우지 못해서 읽은 책을 또 사는 경우도 많다. 다행히 요즘은 인터넷 사이트에서 주문을 하면 결제하기 전에 구매한 기록이 있다고 친절하게 알려준다.

나의 서재에는 수천 권의 책이 있다. 그런데 이 책이 나를 부자로 만들어주었을까? 아니다. 책은 당신을 부자로 만들지 못한다. 책을 해석하는 능력이 생기면서 스스로 질문을 가지게 될 때 비로소 당신은 부자의 길을 만난다.

흔히 책을 읽으면 저자에게 몰입되어 어디서 이런 대단한 생각이나 판단을 했을까 궁금해하며 지적 포로가 된다. 책에 나온 모든 글을, 사실을 넘어 진리로 받아들이고 자기의 생각을 버린다. 그러나 아무리 유명한 저자의 글이나 위대한 학자의 이론이라도 모두 옳을 수만은 없다. 성경도 오역과 빠진 부분이 있는데 저자에게 빠져 필사를 하고 저자보다 내용을 더 잘 기억하는 사람도 있다. 어느 부분이 옳다는 것만 보고 그 밖의 모든 부분이 옳지 않을 수 있다는 생각을 전혀 하지 않기에 생기는 일이다. 그러면 어느 부분이 옳고 어느 부분이 틀린 것일까?

그것을 알려주는 '책'이 따로 있다. 책을 읽고 감화를 받은 뒤 정신에 지적 무게가 얹어지면서 오히려 자신을 초라하게 느끼는 사람이 있다. 이런 경우라면 독서량이 많아질수록 어깨가 내려가고 무릎이 바닥에 닿는다. 거인들의 등을 타고 가는 것이 아니라 거인들의 엉덩이에 깔린 것이다. 이럴 때 어깨를 펴고 무릎을 세우면서 거인과 함께 걷는 방법을 알려주는 책, 그 책은 바로 '산책'이다. 산책을 통해 살아 있는 책을 접하는 것이다. 의심하지 않고 질문하지 않는 책은 아무리 읽어도 죽은 책이다.

산책을 통해 책으로 얻은 주제와 관점을 생각하며 자기 스스로의 기준으로 작가의 권위에 무조건 굴복하지 않고 옳고 그름을 스스로 판단하는 시간을 가져야 한다. 이를 통해 내려간 어깨와 굽어진 무릎을 펴고 스스로 홀로 서는 연습을 해야 한다. 책을 읽을 때마다 무릎은 다시 굽혀질 것이다. 하지만 스스로 생각하는 연습을 계속하다 보면 다리에 근육이 생기고 어깨가 펴지면서 스스로 혼자 우뚝 서는 날이 있을 것이다. 산책과 자문을 통해 의심하고 질문하는 습관을 길러야 한다.

길을 걷거나 조용히 앉아 오늘 읽은 책의 내용을 숙고하는 시간을 가져보기 바란다. 그러면 아무리 위대한 선생이 쓴 책이라도 페이지를 늘리기 위해서 쓴 헛소리도 보이고 단순히 팔기 위한 목적에 따라 이론을 만들어낸 자기계발서도 보인다. 당신 마음의 무릎이 건강해졌기 때문이다. 산책은 몸도 마음도 건강하게 하니 하루에 만 보 이상 걷기 바란다.

신은 왜 공평하지 않을까?

아무리 노력해도 희망이 보이지 않고 지속되는 실패와 좌절이 다가오면 사람은 신을 원망한다. 나도 여러 번 실패를 맛보고 좌절이 이어지던 시절 신이 이렇게 잔인할 수 있는지 원망스러웠다. 이렇게 열심히 노력하고 나쁜 짓 하지 않고 도전했는데 왜 번번이 실패하는지 이해되지 않았다. 나 같은 사람이 성공하면 참 많은 사람을 도우며 살 텐데 왜 나에게 행운을 주시지 않는지 의심스러웠고 억울했다.

그러나 시간이 지나고 나서 보니 신은 항상 공평했다. 내가 성공한 다음이라서가 아니다. 성공하기 전이나 성공 후 어느 때든 신은 무슨 일이든 관여하지 않음으로써 공평함을 이루신다. 돌이켜보면 내가 일곱 번을 실패하든, 열네 번을 실패하든 관여하지 않으셨을 것이다. 반면에 내가 터무니없이 많은 돈을 벌거나 과분한 칭송을 받아도 관여하지 않으신다. 신은 세상이 스스로 돌아가도록 관여하지 않음으로써 자신의 공평함을 나타내신다.

신이 공평하다고 믿는 사람들이 넘쳐날수록 실망이 번져서 결국 불공평이 확장되는 것이다. 그러니 아무리 힘들어도 신을 원망하지 말고 신

257

에게 의지하지 말고 스스로 일어서라. 신의 도움을 얻지 않고 스스로 일어서겠다고 마음먹어야 정말 길이 보일 수 있다. 신에게 하는 청원의 기도에 신은 전혀 동요하지 않으실 것이다.

신에게 드리는 기도는 신이 무슨 말씀을 하시는지 듣는 시간이지, 내가 신에게 하고 싶은 말을 하는 시간이 아니다. 신을 믿지 않는 사람도 이런 이치를 아는데 신을 모시는 사람이 왜 그분을 괴롭히는지 알 수 없다. 좌절하거나 실패해도 신을 원망하거나 자책하지 마라. 신의 잘못도 아니고 당신 잘못도 아니다. 다시 도전하면 된다.

신이 세상에 관여하지 않는 것은 무심이 아니라 무위다. 신이 우리를 사랑하지 않아서가 아니라 진정 사랑하여 그러는 것이다. 우리가 스스로 행동하고 자연이 스스로 움직이도록 놓아줌을 실현하시는 것이다. 신이 세상에 관여하는 순간 세상 모든 것은 정지될 것이다. 정지란 죽음이다. 이것이 신이 세상을 이끄는 방식이다.

신이 관여하지 않음을 통해 당신을 축복하고 지지하고 있음을 알렸으니 마음껏 세상의 부와 축복을 다 가져가길 바란다. 그래서 당신 스스로 신이 하고 싶은 일을 그 부를 통해 할 수 있기를 축복한다.

항상 투자만 하는 송 사장과
항상 화가 나 있는 그의 아내

송 사장은 장사의 신이다. 차리는 매장마다 성공이고 만드는 메뉴마다 히트다. 서울 인근에 있는 그의 디저트 카페는 언제나 손님으로 가득하다. 근처에 고깃집도 하나 운영하는데 매장마다 장사가 잘된다. 송 사장이 일하는 카페 뒤쪽에는 카페 매장만큼이나 큰 연구실이 있다. 실제로 입구에 연구실이라는 안내판을 붙여놨다. 송 사장의 컴퓨터 파일에는 2만 장이 넘는 사진들이 있다. 메뉴, 진열방식, 조명, 기구, 소품, 복장 등으로 잘 정리돼 있다. 일본과 유럽, 동남아시아의 유명하다는 식당을 다니면서 얻은 아이디어들이다. 송 사장의 이런 학자적 탐구 덕분에 카페 손님은 해외여행을 하지 않고도 세상의 여러 나라 메뉴를 먹을 수 있으니 카페는 늘 북적거린다.

그렇지만 그의 아내 윤 씨는 항상 남편에게 화가 나 있다. 결혼 생활 20년째인데 아직까지 집도 없고 벌어놓은 재산도 없기 때문이다. 주변에서는 알부자로 알고 있고 어려운 친정집에서는 은근 기대도 하지만 정말 돈도 없고 재산도 없다. 더구나 매장이 두 개나 되는데도 아침부터 저녁까지 매일 출근을 해야 한다. 만약 출근하지 않으면 집안에 생활비도 들어오지 않기 때문이다. 남편 꼴이 보기 싫어 카페로는 출근을 안 하고 고깃집으로 출근한다.

송 사장의 카페 뒷방 연구소에는 직원이 여섯 명이나 있다. 카페에서 일하는 네 명보다도 많다. 연구소 직원들은 카페에서 일을 하지 않는다. 카페 직원들은 연구소 직원이 되는 것이 꿈이다. 급여도 많고 하는 일도 창의적이기 때문이다. 송 사장의 꿈은 원대하다. 이 카페를 전국에 퍼트려 대기업으로 만들고 싶기 때문이다. 그래서 메뉴 연구소를 만들어 세상에 맛있다는 모든 메뉴를 직원들과 만드는 것이다. 메뉴 개발 속도가 얼마나 빠른지 1년에 네 차례씩 카페의 메뉴가 전부 바뀐다. 덕분에 손님들은 즐거워하지만 아내 윤 씨는 속이 탄다.

이유는 간단하다. 송 사장이 카페로 버는 돈을 메뉴 연구와 연구소 직원들 급여로 모두 쓰기 때문이다. 직원들 데리고 일본으로 메뉴를 공부하러 다니고 수시로 메뉴를 업그레이드하느라 메뉴판이나 시설 개설로 수익보다 매년 그 비용이 더 들어가기 때문이다. 매번 새로운 메뉴가 대박을 터트려 우리를 부자로 만들어줄 것이라며 흥분한다. 메뉴가 바뀌면 그릇도 바뀌고 그릇이 바뀌면 테이블도 조명도 모두 바뀐다. 가끔 업계 사람들이 찾아와 송 사장을 칭찬하고 부러워하는 꼴을 보면 아내 속은 뒤집힌다.

송 사장은 완벽주의다. 송 사장은 카페를 하기 전에는 카센터를 했었고 그 전에는 인쇄소를 했었다. 한국 최고의 인쇄소를 만들겠다며 수입이 생기는 대로 독일제나 일본제 인쇄기를 다 모았던 시절이 있었다. 최고의 외제차 수리 분야 전문 카센터를 만들겠다며 중고 외제차를 종류대로 사서 모두 해체하던 시절도 있었다.

벌기도 잘하지만 버는 돈이 모두 100% 사업에 재투자되니 아내 윤씨는 돈을 만져볼 기회가 없다. 지금도 연구소만 아니면 한 달에 2,000만원도 더 벌겠지만 연구소 직원 월급과 재료비로 모두 날리고 있다. 고깃집에 가서 생활비라도 빼내오지 않으면 거기서 버는 돈으로 연구소 직원이 더 늘어날 게 뻔하다. 남편이 저렇게 열심히 일하고 돈 많이 벌어서 좋겠다는 동네 친구들 인사에 복장이 터질 것 같다.

나는 분명히 안다. 송 사장은 절대 부자가 될 수 없다. 송 사장의 카페나 고깃집이 더 잘되면 잘될수록 아내 윤 씨 말대로 가게에 투자되고 직원들에게 투자되는 돈은 많아질 것이다.

송 사장의 죄목은 첫째, 무한투자죄다. 회사란 투자 비율이 있다. 어떤 회사고 이익의 100%를 매해 투자하는 회사는 없다. 설령 송 사장이 매장을 수십 개 갖게 돼도 아내 윤 씨에게 돈이 돌아가는 날은 없을 것이다. 더 큰 회사를 만들기 위해 더 큰 투자를 해야 하기 때문이다. 그러다 한 번 실수하면 다시 바닥으로 가기 때문이다.

두 번째 죄목은 횡령(橫領)이다. 타인의 새물을 유용하는 경우, 형법 제356조에 위배되며 이는 10년 이하의 징역 또는 3,000만 원 이하의 벌금에 처해진다. 송 사장은 아내 윤 씨의 재산을 횡령한 것이다.

부부는 재산 공동체다. 부부가 함께 살면 누가 돈을 벌든 수익의 반은 배우자 몫이다. 송 사장은 사업을 통해 번 모든 돈을 사업에 재투자함으로써 아내 몫을 횡령한 것이다. 전액을 재투자하려면 아내에게 허락을 받았어야 한다. 허락은 고사하고 반대를 하는데도 매년 이런 식이었다. 그러나 남편 송 사장의 가장 큰 죄는 이익의 반을 아내에게 주고 나머지 반으로만 사업을 키우는 것이 훨씬 현명한 일이라는 것을 경영자이자 가장으로서 모르고 있는 경영무지죄다.

송 사장의 경영무지죄를 이야기하려고 여기까지 왔다. 송 사장은 가장이자 사업 경영자다. 사업은 폼으로 하는 것도 아니고 봉사활동도 아니다. 가족과 내 자유를 얻기 위한 처절한 종교 활동에 가깝다. 그동안 사업을 하면서 이익의 반을 계속 아내에게 주었더라면 아내는 가장을 존중하고 자랑스러워했을 것이다. 송 사장도 이익의 반을 아내에게 매년 넘겨줬으면 지금 집도 하나 사놓고 노후 저축도 마련해놓았을 것이다.

사업을 지금처럼 유지하고 크게 키우려면 그 정도 투자는 해야 하는 것 아니냐는 변명은 옳지 않다. 송 사장은 가족을 위해 사업을 하는 것이 아니라 가족의 희생을 빌미로 자신의 허영을 위해 일을 하고 있기 때문이다. 아내가 남편 송 사장을 무시하고 화가 나 있는 것은 당연하다.

송 사장에게 당부하고 싶다.

이익의 반을 아내에게 돌려라. 아내의 당연한 지분이다. 그것이 또한 당신에게도 좋은 일이다. 집안의 재산은 아내에게 옮겨오기 전까지는 완전한 자산이 아니다. 아내가 보관하는 돈이 집안의 실제 자산이다. 사업

을 하면서 이렇게만 하면 당신은 사업도 보호하고 집안의 재산도 늘릴 수
있다. 무엇보다 가장 큰 혜택은 아내가 당신을 사업가로 자랑스러워할 것
이라는 점이다. 송 사장이 이 글을 반드시 읽기 바란다.

동업을 어떻게 생각하세요?

투자를 받을 사람에게 말한다.

만약 당신이 다른 사람의 돈을 자기 돈보다 더 중요하게 생각할 수 있는 사람이라면 동업해도 된다. 투자자에게 분기별로 정기적으로 재무제표를 보고해줄 의무가 있다고 믿고 행동하면 동업을 해도 된다. 만약 사업이 잘되면 친구 돈을 돌려주고 동업을 파기할 욕심이 없다면 동업해도 좋다. 당신이 급여를 가져갈 때 동업자에게 급여의 수준을 보고할 책임이 있다고 믿으면 동업해도 된다. 세세한 자금집행도 모두 기록하고 열람할 수 있도록 할 자신이 있으면 동업해도 좋다.

투자를 할 사람에게 말한다.

만약 당신이 이 사업이 잘못돼도 자기 돈을 돌려받을 생각을 하지 않는다면 동업해도 된다. 동업자가 사업이 안될 때도 여전히 급여를 가져가는 것이 맞다고 생각하면 동업해도 된다. 동업자의 회사 직원을 내 회사 직원처럼 함부로 할 생각이 없다면 동업해도 된다. 밖에 나가 '그 회사는 내 것'이라고 자랑하고 다니지 않을 자신이 있으면 동업해도 좋다.

두 사람에게 말한다.

만약 두 사람이 계약을 명확히 문서화했고 공증을 했으며 지분, 직책, 급여, 경영권, 수익금 배분방식, 책임의 한계, 주식 양도 시 동의권, 재투자 비율, 계약파기 조건 등의 항목을 명확하게 기록한 서류가 있다면 동업해도 좋다. 만약 두 사람이 이사회 혹은 증자, 배당 등에 대한 용어를 이해하고 이 문제를 문서로 협의했으면 동업해도 좋다. 둘 사이에 정확한 업무 역할표가 있고 이를 이행하지 못했을 경우, 손익 분배의 비율 조정에 대한 협의를 마쳤으면 동업해도 좋다.

동업은 잘되어도 문제고 안되면 더 문제다. 동업자를 잘못 만나면 일에 대한 스트레스보다 동업으로인한 스트레스가 더 무서워진다. 그러나 좋은 동업자를 만나면 당신 같은 사람 두 사람이 함께 힘을 합친 것이다. 그러니 좋은 동업자 관계를 유지하기 위해서는 모든 것을 문서화하여 서로의 자산을 존중해줘야 한다.

돈은 우정보다 강해서 계약이 불분명하고 빈틈이 보이면 우정도 가족애도 허물어버릴 것이다. 부부 사이도 부자지간도 가를 수 있는 것이 합쳐진 돈이다. 두 사람은 친구이거나 가족이지만 돈은 서로 친구나 가족이 되지 못한다. 돈이 서로 친구가 되고 가족이 되는 일은 정확한 계약을 가질 때에만 일어난다. 우정은 우정대로 돈은 돈대로 따로 생각하기를 바란다. 남의 돈에 대한 존중만이 모든 동업 문제를 해결해준다.

길을 모르겠으면 큰길로 가라

강남에 마음에 드는 건물을 하나 살 때의 이야기다. 건물주는 60대의 남자로 절대 안 팔겠다던 매물을 마음을 바꿔 팔겠다고 연락이 왔다. 그는 몇 채의 건물을 가지고 있었는데, 그중에 하나를 자식의 사업자금으로 보태주기 위해 매각하려고 나온 자리였다. 그 당시만 해도 나는 부동산에 대해서는 달리 아는 것이 없었다. 거래를 마치고 난 후에 물었다.

"부동산을 구입하신 안목을 한 가지만 가르쳐주시지요?"

잠시 침묵을 지키던 그가 내 질문이 진지하다고 생각했는지 정말 딱 한 가지만 이야기해주고 나갔다. "나는 지하철 입구에서 나오면 바로 보이는 건물만 삽니다. 오늘 임대나 매물 안내를 붙이면 오늘 연락 오는 곳 말입니다. 아들놈만 아니면 평생 안 팔았을 겁니다. 김 선생도 오늘 연락 받고 계약하시러 오신 것 아닙니까?"

이후 이 양반의 기준이 나의 부동산 매입 기준이 됐다. 당연히 지하철 역 앞에 있는 건물은 비싸다. 그러나 임대인과 임대인의 수준을 고를 수 있고 현금화가 손쉽다면 비싼 것이 가장 싼 것이다. 나는 지금도 건물을 살 때는 크기보다 로케이션(장소, 위치)을 보고, 이익률보다 로케이션을 보고, 빌딩의 연도보다 로케이션을 본다. 부동산 전문 투자자가 아닌 사람이 얻을 수 있는 가장 크고 안전한 이익은 로케이션이라는 것을 알게 되었기 때문이다. 또한, 내가 부동산에 대해 완벽한 자신이 생기기 이전에도 로케이션 중심으로 구매했을 때에는 크게 실수한 일이 없었다.

다른 도시를 여행할 때는 큰길로 다니면 된다. 분명 큰길이 있는데도 지름길을 찾겠다고 샛길을 찾다 보면 막다른 골목에 다다르거나 다시 돌아가야 할 때가 많다. 자신의 방향 감각을 믿다가 완전히 길을 잃을 수 있다. 특정 자산 영역에서 전문가가 아닌 사람이 길을 잃지 않으려면 그 자산이 말하는 큰길을 찾아가면 된다.

이것은 완벽하게 이해하지 못하는 시장에 투자를 할 경우 아주 유용한 팁이다. 나는 주식을 살 때도 해당 업계에 대한 이해가 확실하지 않으면 언제나 1등을 고른다. 이후에 이해도가 높아지면 2등을 고르기도 한다. 나는 아직 부동산 투자에 대한 이해가 부족하지만 자산 분배 차원에서 부동산을 보유해야 할 필요가 있을 때가 있다. 그래서 항상 큰길에 있는 선물만 구매하는 것만으로 이미 훌륭한 투자를 하고 있다.

부자가 되지 못하는 사람들은 부자가 되지 못하는 생각을 가지고 있다. 서울 시내 부동산이 비싸다는 것은 다 안다. 그것은 비싼 이유가 있어서 비싼 것이다. 그런데 비싸다고 서울로 출퇴근이 가능한 인근 도시에 투자한다. 애플 주식이 최근 10여 년 사이에 30배가 올랐다. 애플 주식이 오르는 것은 그만한 이유가 있어서다. 그런데 애플 주식을 사는 것이 아니라 애플 테마주나 관련주를 산다. 요지에 작은 건물을 사면 되고 애플 주식을 좀 적게 사면 되는 것을 지름길을 찾겠다고 달려나가다 막다른 골목길에 다다르는 실수를 하는 것이다. 이미 열매가 자라고 있는 나무가 있는데 그 씨앗을 받아 나무를 키우겠다며 리스크를 만들고 있는 것이다.

투자를 할 때는 항상 두 가지 문제를 놓고 고민한다. 돈을 버는 것이 중요한 것인가, 손실을 피하는 것이 중요한 것인가에 관한 문제다. 수익과 손실 회피의 두 마리 토끼를 잡으려다 둘 다 놓치는 게 현실이다. 투자 세계에서 살아남은 사람들은 홀인원을 한 사람이 아니라 버디를 많이 한 사람이다. 홀인원 한 사람이 우승하는 경우도 드물고 다음 경기에서 우승하겠다고 홀인원에 목숨을 걸지도 않는다. 하지만 다들 홀인원에 관심을 갖고 버디를 가볍게 생각한다. 보기나 더블보기만 하지 않아도 친구 사이에서 우수한 선수일 수 있다. 자신이 모르는 것과 제어할 수 없는 것을 줄여가는 것이 최고의 투자가들이 늘 하는 일이다.

큰길로만 다니면 평생 흥미로운 것도 못 보고 뒷골목에 먹자골목이 생겨서 다들 떼돈을 벌 때 참여하지 못할 수 있다. 즉, 리스크를 너무 줄이려다 보면 평균 성장을 따라가지 못하는 실수를 할 수도 있다. 하지만 남들의 평균 이익보다 내 이익이 작다고 해서 빈털터리가 되지는 않는다. 한번 발생하면 빈털터리가 될 실수는 절대 하지 마라. 한번 낙오되면 절대 이 시장에 다시 돌아오지 못한다. 그 동네 사람이 되어 모든 골목을 구석구석 알게 되기 전까지는 반드시 큰길로 다니기 바란다.

쿼터 법칙

2019년 봄에 나이든 오랜 친구들과 젊은 새 친구들 몇몇이서 미국 대륙 자동차 횡단여행을 한 적이 있다. 대형 SUV트럭을 타고 로스엔젤레스에서 뉴욕까지 운전을 하고 갔다. 딱히 목적지를 둔 여행은 아니지만 그래도 내가 가고 싶은 곳이 한 군데 있었다. 네브래스카주 오마하시에 있는 워런 버핏 자택이었다. 미국 최고 부자 중에 한 명이 나보다 작은 집에서 산다는 것이 믿기지 않아 실제로 한번 보고 싶었다.

버핏의 검소함과 소탈함은 이미 많이 들어봤지만 실제 그런 집에 살고 있는지 확인해보고 싶었다. 집에 도착했을 때는, 워런 버핏이 아무런 보안 시설도 경호원도 없는 집에서 방금 직접 차를 몰고 출근했다는 것을 알게 되었다. 62년 전 30만 1,500달러에 구매한 자택에서 아직도 살고 있었다(솔직히 버핏의 투자 실적을 보면 집을 사지 않은 이유를 알 만도 하다. 그의 집은 2020년 현재 시세로 85만 4,000달러다. 그 돈도 투자에 넣었다면 136억 달러가 되었을 것이다.).

110조의 재산을 가진 버핏은 그동안 삼성전자가 2010년 하반기에 출시한 20달러짜리 폴더폰을 사용하다가 최근에 아이폰11로 갈아탔다. 아침 식사도 출근길에 맥도날드에서 '모닝 세트' 중 하나를 고르는데, 미국

케이블 채널 HBO와의 인터뷰에서 "재정적으로 넉넉하지 않다고 느껴질 때는 그중에 싼 것을 고른다"고 말한 적도 있다.

사실 그는 나보다 몇만 배 부자지만 나는 그보다 몇 배나 부자로 살고 있다. 우리 집은 버핏 집보다 몇 배는 비싸고 나는 더 이상 맥도날드 같은 데서 아침을 먹지 않은 지 한참 됐다.

사실 버핏의 검소함을 존중하고 존경한다. 세계 최고 부자들 중 한 사람이 실제로 지극히 평범한 미국 중산층의 삶을 살고 있으니 담장에 철조망이나 경비원을 세워두지 않고도 살 수 있는 것이다. 이것이야말로 가장 멋진 부분 중 하나다.

다른 부자들이 가장 높은 곳에서 울타리를 치고 자기들만의 영역에서 보안 카메라와 경비원의 도움을 받으며 살아가는 것에 비하면 버핏의 위대함은 비교할 수가 없다.

하지만 존경한다고 따라 하고 싶은 생각은 전혀 없다. 나 역시 대단한 사치를 하는 것은 아니지만 다른 기준을 갖고 있기 때문이다. 나는 이것을 쿼터(quarter)법칙이라 부른다. 쿼터는 영어로 4분의 1을 뜻한다. 내 동일한 수준의 경제력이나 수입을 가진 사람들의 쿼터 수준에서 생활하는 것이다.

10만 달러를 벌면 2만 5,000달러의 수입을 가진 사람처럼 살고, 100만 달러를 벌면 25만 달러의 수입을 가진 사람처럼 살고, 1,000만 달러를 벌면 250만 달러의 수입을 가진 사람처럼 사는 것이다.

쿼터 법칙은 검소함과 사치 사이에서 *기준*을 만들어준다. 이 기준을 만든 이유는 매년 내 자산이 늘어나는 것이 확실하지 않은 상황에서 경제적 문제가 생겼을 때 수입 없이 3년은 살 수 있다는 위기 극복을 위해서다. 또 다른 이유는 수입이 늘면 늘어난 부분에 대한 보상을 스스로에게 부여하고 싶기 때문이다. 버핏 같은 극단적 절제보다 노력에 대한 보상 체계를 좀 더 명확히 하고 싶기 때문이다.

우리 가족은 홀푸드에서 유기농 제품을 구매하고 식료품을 구매하면서 가격을 신경 쓰지 않게 된 지 오래됐다. 마음껏 꽃을 사고 레저용, 가족용, 출근용, 야외용 차를 가지고 있다. 세상에서 가장 비싼 호텔에 묵고 비즈니스나 일등석으로 여행을 다닌다. 그러나 여전히 쿼터 법칙 안에서 생활한다.

내년에 수입이 줄어든다면 줄어든 쿼터 법칙에 따라 일반석을 타고 다니거나 소비를 줄일 것이다. 스스로 보상과 제한을 두는 것이다. 나는 가난을 경험한 자수성가한 사업가다. 나와 동일한 수준의 수입을 얻는 부자들과 나란히 생활하려면 나의 부가 더 오랜 검증을 거쳐야 한다고 믿는다. 내가 만약 그들처럼 제트 비행기를 사고 더 큰 저택에서 살고 싶으면 그들보다 네 배를 더 벌면 된다. 그것이 뒤늦게 이민자로 자수성가한 부자가 할 수 있는 최대의 사치라 생각한다.

동양철학에서는 음과 양을 이치에 맞게 대할 때 그 온전함이 나타난다고 가르친다. 집, 옷, 자동차 등과 같이 눈에 보이는 것은 양이다. 언어, 태도, 음식 같은 것은 음이다. 그래서 사업가나 자산가에게는 오히려 적당한 품위가 드러날 만한 사치가 필요하다.

단, 사업가의 사치의 경계를 넘지 않는 옷차림, 깨끗한 자동차, 잘 정리된 집은 신용을 높여주고 고운 언어, 단정한 태도, 정갈한 음식을 취하면 성품이 올라간다. 부자의 품격이 나타나는 지점이다. 부자가 되어도 버핏을 따라갈 생각이 없다면 나를 따라 쿼터 법칙을 실천해보기 바란다. 가장 안전하게 즐길 수 있는 부자의 길이다.

기도로는 부자가 될 수 없다

신은 당신을 부자로 만들지 못한다. 신의 은혜로 부자가 된다면 이 세상 부자들은 모두 종교를 믿는 신실한 사람들일 것이며, 이를 본받아 부자가 되고 싶은 모든 인간이 신을 믿고 있을 것이다. 신을 믿지 않는 사람들 중에도 부자가 많고 다른 종교를 가진 사람들 중에도 부자가 많다는 것이 이를 증명한다.

신은 당신을 부자로 만드는 것에 관심도 없지만 돈을 만들지도 못한다. 신이 할 수 없는 일 중 하나다. 세상 모든 일을 할 수 있고 모든 축복을 내릴 수 있다는 신이 이상하게 돈은 인간들에게 부탁한다. 이 세상의 모든 종교가 다 똑같다. 아무리 위대하고 웅장한 건물에 살고 계신 신이라도 자기 집을 구경하고 나면 마지막 방에서는 기념품을 팔고 계신다. 돈을 버는 일은 신보다 인간들이 더 잘하기 때문이다.

따라서 돈은 스스로 벌어야 한다. 참된 종교인이라면 복권을 사놓고 신에게 반드시 좋은 일에 쓰겠나는 따위의 기도는 하지 않을 것이며 성실하게 살면 언젠가 부자가 되게 해주시리라는 소망도 버려야 한다. 부자는 기도나 성실함으로 이뤄지는 것이 아니라 노력과 지혜, 기회와 운이 합쳐져 이뤄진다. 기회와 운은 신을 믿는 사람에게만 가는 것이 아니고 누구에게나 불특정하게 다가간다. 그것이 기회인지 아닌지 알아내는 노력과 지혜가 필요할 뿐이다.

또한 점술가, 무당, 점성가, 관상학자, 역술가, 타로카드와 같이 그 직업이 무엇이라 불리는지와 상관없이 당신이 그에게 돈의 방향에 대해 묻기 전에 그가 나보다 부자인가를 알아봐라. 그가 나보다 가난하다면 더 물을 것도 없고 그가 나보다 부자라면 그 사람보다 부자가 되긴 글렀다.

때때로 이들의 점괘가 당신을 구해줄 수도 있지만 행운의 변덕 외에는 어떤 개연성도 없다. 나는 지금까지 인생에 있어 초자연적인 힘이나 신앙에 기대어본 적이 없다. 앞으로도 그럴 생각이 없고 경제적인 중대한 결정을 위해 신을 찾을 생각도 없다. 오히려 조사나 공부로 해결되지 않는 부분이라면 직관을 이용할 것이다. 신에 대한 기도가 인간을 지켜줄지는 모르지만 지갑까지 지켜주지는 않는다. 초자연에 의지하는 자세는 꿈이 현실이라고 믿는 것과 다를 바 없다. 결국 아주 위험한 재정적 상태를 넘어 파멸로 이끌게 된다.

한때, 친구 덕에 제법 유명한 역술가를 만난 적이 있다. 그의 사무실에는 고위 정치인들과 이름이 알려진 사람들의 흔적이 있었다. 차 한잔을 들고 마주 보고 앉은 자리에서 그는 내 얼굴을 가만히 바라보다 아직 입도 안 댄 찻잔을 내려놓고 갑자기 날 이끌고 나갔다. 그가 안내한 곳은 인근 식당이었다. 내가 생선구이를 좋아하는 것은 어찌 알았는지, 묻지도 않고 이것저것 생선을 종류대로 시키더니 음식이 한 상 차려지자 내게 진지하게 물었다.

　"제발 나 돈 버는 법 좀 가르쳐주시오."

　그 순간 확실히 알았다. 미래를 잘 안다는 사람도 돈은 어쩔 수 없구나. 『주역』 명리학을 바탕으로 인터넷 사주 사이트를 만들어보라고 했지만 듣기도 처음이라 했다. 무슨 점을 인터넷으로 볼 수 있냐며 손을 저으며 이해하지 못했다. 나는 결국 밥값도 못했고 그 역술가는 아직도 그 사무실에서 늙어가며 다른 사람 돈에 점쾌를 내고 있을 것이다.

재산을 모을 때는 농부가 되고
투자 할 때는 어부가 돼라

부자가 더 많은 고급 정보를 가졌기에 유리한 투자 지점에 있다고 믿는 사람이 많다. 부자들은 돈이 많아서 폭락장에서도 물타기를 하며 얼마든 자산을 불릴 수 있다고 믿는 사람도 있다.

그러나 돈이 많으면 더 많은 손해를 볼 수도 있다. 부자들과 당신의 다른 점은 결정의 방향과 속도다. 그들은 재산 형성과정에서 수많은 결정을 잘해서 그 자리에 가 있을 확률이 높다. 부자들은 재산을 모을 때는 농부처럼 행동한다. 깊게 땅을 파고 비를 기다리고 가뭄을 이겨내며 오래 견딘다. 그러나 돈을 벌어 자산이 생기면 어부처럼 돌아다닌다. 이곳저곳에 출몰하는 물고기 떼를 따라 배를 돌리고 바람과 수온을 따라 어디든 그물망을 내린다. 작년에 이곳에서 줄곧 재미를 봤어도 해가 바뀌면 직관을 따라 그물의 위치를 변경한다.

투자 자산의 움직임에 따라 냉정하고 신속한 결정을 한다. 자기의 주관이 명확해서 자산관리인이나 금융사 직원들의 의견에 영향을 받지 않는다. 유능한 어부는 이미 자기 판단에 따라 어디에 그물을 던질지 생각하고 있다. 어부는 수협 공판장에 전화를 걸어 그물을 내릴 시기나 장소를 묻지 않는다. 부자들이 부자로 살아남는 것은 남들과 동일한 상황에서도 남다른 두 가지 능력을 발휘하기 때문이다.

첫째는 부자라고 해서 위기가 올 것을 짐작하거나 알려주는 시스템은 없다. 단지 위기가 발생하면 대처할 준비가 평소에 되어 있다는 점이 다르다. 둘째는 실제 위기 발생 시에 이에 대처하는 더 나은 답을 갖고 있지 않지만 답이 보이면 실제로 실행한다는 점이다. 보통 사람들이 주저하는 사이에 이미 판세를 뒤집어놓고 기다린다. 즉, 위기를 기회로 바꾸는 능력이 탁월할 뿐이지 더 많은 정보와 자산이 위기 시에 이들을 돕고 있지는 않다.

부자라도 이런 위기를 견디지 못하는 부자는 다시 내려갈 수밖에 없다. 부자도 능력이라서 위기를 견뎌내는 사람이 더더욱 부자가 되는 것이 바로 이 원리다.

돈을 모으는 네 가지 습관

스스로에 대해 자존감이 없는 사람은 돈이 생겨도 제대로 사용할 줄 몰라서 돈이 그다지 도움이 되지 못한다. 자존감이 없는 사람에게 주어지는 돈은 주로 쾌락에 사용된다. 아직 자신을 진정으로 사랑하고 존중하는 법을 배우지 못한 상태에서 돈이 주어지면 술, 담배, 유흥, 사치, 허영, 친구들에게 돈 쓰기, 해외여행, 명품 구매 등과 같은 형태로 자신의 가치를 올리려 한다. 돈이 자신감을 만들어주고 자신감이 잘 자라면 자존감을 만들어주지만 먼저 돈을 갖기 전에 갖춰야 할 일상의 습관과 자질 몇 가지가 있다.

특별히 젊은 청년들은 반드시 사회에 나가기 전에 이 네 가지를 몸에 습득하길 바란다. 아직 습득하지 못한 기성인들에게는 경각심이 되길 바라는 마음이다. 이것의 핵심은 부자가 되기 전에 부자의 태도와 습관을 미리 몸에 넣어놔서, 언제든지 부가 찾아와도 당당하게 받을 수 있게 함에 있다.

이 네 가지 습관은 부에 어울리는 사람이 되어 부가 빠져나가지 않고 항상 머물게 하는 효과를 갖게 한다. 다음 습관과 태도를 익히지 못한 상태에서 돈을 벌면 오히려 돈이 사람을 해칠 수 있다.

첫째, 일어나자마자 기지개를 켜라. 누워 있는 상태에서 팔을 머리 위로 뻗어 두 손을 모으고 몸을 C자로 만들면서 좌우로 허리를 쭈욱 편다. 다음엔 침대에 걸터앉아 다리를 똑바로 펴고 깍지 낀 손을 위로 올리고 아래위로 허리를 편다.

기지개는 전신 스트레칭으로 근육의 이완과 수축을 돕는 행동이다. 기지개를 켜면 몸속 근육을 부드럽게 자극해 피로감을 빨리 해소할 수 있다. 기지개는 스트레칭의 한 방법으로 간단해도 전신운동이다. 순간적으로 많은 공기를 폐에 확보하게 돼 많은 산소를 얻어낼 수 있다.

기지개는 아침에 온 세상과 나를 연결하는 행동이자 몸에 기를 넣는 행동이다. 동물들은 따로 운동을 하지 않아도 기지개를 켠다. 기지개는 모든 동물이 가진 몸의 자연스런 행위다. 기지개를 하고 일어나는 습관을 가지면 하루를 감사함과 당당함으로 맞이하게 된다. 인생에 또 새로 주어진 하루에 몸과 마음으로 인사를 드리는 것이 기지개다. 하루 시작부터 활력을 가진 사람이 되는 것이다.

둘째, 자고 일어난 이부자리를 잘 정리한다. 자신이 자고 일어난 자리를 정리하는 것은 삶에 대한 감사다. 음식과 잠자리는 삶의 질을 나타내는 가장 중요한 요소다. 편히 잠을 잘 수 있었음을 감사하며 잠자리에 대한 예의를 보여야 한다. 이불을 펼쳐서 털어내고 구겨진 베개를 바로 하여 호텔 메이드가 정리해준 것처럼 정리를 해놓는다. 엉크러진 잠자리로 저녁에 다시 들어간다는 것은 자신을 모욕하는 일이고 매일 같은 짓을 한다는 것은 자신의 인생 전체를 조롱하는 일이다. 하루를 마치고 저녁 잠자리에 들 때 자신이 잘 정리해놓은 침대로 들어가는 사람은 평범한 사람이 아니라 위대한 사람이다. 이런 사소함이 인간을 위대하게 만든다.

셋째, 아침 공복에 물 한 잔을 마셔라. 한 잔 이상 마실 수 있으면 더 좋다. 하지만 한 잔은 반드시 마셔라. 몸에 음식을 넣기 전에 몸을 어르는 일이다. 자는 동안 폐·피부 호흡을 통해 배출된 수분을 보충하고 걸쭉해진 혈액을 묽게 만든다. 장운동을 촉진해 배변을 돕는다. 위장은 물론, 두뇌활동을 원활히 하는 뇌의 교감신경을 자극해 잠에서 깨어나게 하고, 하루를 상쾌하게 시작할 수 있도록 도와준다. 이에 대한 장점을 현대 의학용어로 수도 없이 나열할 수 있다. 이는 인간의 모든 문화, 모든 시대에 걸친 수천 년의 지혜다.

넷째, 일정한 시간에 자고 일정한 시간에 일어나라. 만약 직업상 일정한 시간에 잠들 수 있는 상황이 아니라면, 일정한 시간에 일어나는 것은 양보하지 마라. 해가 뜨기 전에 일어나고 해를 맞이하며 위에 설명한 지침을 매일 실천하기 바란다. 일정함이란 매우 중요한 덕목이다. 이를 통해 자신에겐 믿음이 남들에겐 신용이 발생한다. 이런 사람은 가장 가까운 가족으로부터 신임을 얻는다.

이렇게 아침에 네 가지만 꾸준히 잘하면 저절로 어깨와 허리가 퍼지면서 사람이 커 보인다. 말과 행동이 일정해지고 식생활이 번잡해지지 않는다. 나이가 어려도 의젓하고 믿을 만하다. 심지어 후배라도 존중을 받고 아랫사람이라도 리더로 보인다. 이때가 되어 돈을 벌기 시작하면 돈이 사람을 더 돋보이게 만든다. 이미 자리를 가려 앉고 허명을 가려낼 줄 알아 사치나 자랑에 돈을 쓰지 않는다. 당연히 좋은 인연은 남고 나쁜 인연은 끊어져버린다.

이 사소한 습관이 돈을 부르지는 않는다. 그러나 이 습관을 가진 사람에겐 한번 돈이 들어오면 절대 줄지 않는다. 돈은 새신랑을 찾는 여자와 같다. 아침에 일어나 기지개를 켜고, 이불을 정리하고, 물 한 잔 마시는 일을 매일 아침마다 하는 남자를 보면 좋은 신랑감이라는 것을 안다. 사소한 행동 안에 그 사람의 인생 전체가 그대로 들어 있기 때문이다. 당연히 그런 남자와 평생 인연을 맺으려 할 것이다.

책 쓰는 일은 여전히 가장 어려운 일 중에 하나입니다. 그동안 사장학개론 수업을 통해 3,000여 명의 사업가들을 가르치는 동안 돈의 대한 여러 문제가 가장 현실적인 고민이라는 것을 매번 느꼈습니다.

이 문제는 실제 경영을 하고 있는 사람에게 국한된 문제가 아닌 모든 사람들의 문제로 보였습니다. 그래서 경영자가 아닌 모든 사람과, 특히 사회생활을 시작하려 하는 젊은이들 중심으로 하고 싶은 이야기들을 모두 적어본 것입니다. 사실 2020년은 안식년 휴가를 보내고 있었습니다. 강연이나 수업도 모두 중단하고 세계 이곳저곳을 여행하고 책을 읽으면서 보내려고 했습니다. 그러나 3월부터 코로나 바이러스가 전세계에 영향을 주면서 집 안에 격리된 김에 그럭저럭 원고를 마감할 수 있었습니다.

시도 때도 없이 자료조사와 교정 요청을 도와준 조카딸 박지영에게 특별히 고마움을 전하고 강연이나 수업마다 따라와서 내용을 필사해준 제자 김현진 군에게도 감사를 드립니다. 혹시 기술한 내용에 있는 경제 용어, 이론, 숫자 등이 전문가들 보시기에 부족함이 있을 수 있으나 경제 학자가 아닌 투자자의 한 사람으로 이해하고 기술한 내용이니 이해해주시기 바랍니다.

이 책이 많은 사람에게 경제적 자유를 주는 기회와 방법이 된다면 큰 보람이 될 것입니다.

2020년 4월 19일

김승호

돈의 속성

초판 1쇄 발행 2020년 6월 15일
초판 41쇄 발행 2020년 7월 14일

지은이	김승호
펴낸곳	스노우폭스북스
편집인	서진
진행	하진수
마케팅	구본건 김정현
영업	이동진
디자인	강희연
주소	경기도 파주시 광인사길 209, 202호
대표번호	031—927—9965
팩스	070—7589—0721
전자우편	edit@sfbooks.co.kr
출판신고	2015년 8월 7일 제406—2015—000159
ISBN	979-11-88331-79-6 (03320)